部队应急心理救治实用技术

汪 涛◎主编　胡 丰　徐晓晓◎副主编

西南大学出版社
国家一级出版社　全国百佳图书出版单位

图书在版编目(CIP)数据

部队应急心理救治实用技术 / 汪涛主编. -- 重庆：西南大学出版社, 2024. 6. -- ISBN 978-7-5697-2509-4

Ⅰ. E0-051

中国国家版本馆CIP数据核字第2024LT1047号

部队应急心理救治实用技术
BUDUI YINGJI XINLI JIUZHI SHIYONG JISHU

主　编：汪　涛
副主编：胡　丰　徐晓晓

责任编辑：	赖晓玥　任志林
责任校对：	陈　欣
封面设计：	汤　立
排　　版：	张　艳
出版发行：	西南大学出版社(原西南师范大学出版社)
	地址：重庆市北碚区天生路2号
	邮编：400715
	市场营销部电话：023-68868624
经　　销：	全国新华书店
印　　刷：	重庆正文印务有限公司
成品尺寸：	170 mm×240 mm
印　　张：	8
字　　数：	131千字
版　　次：	2024年6月 第1版
印　　次：	2025年10月 第2次印刷
书　　号：	ISBN 978-7-5697-2509-4
定　　价：	48.00元

前　言

现代社会发展日新月异,人类在享受科技、经济和文化繁荣的同时,也不可避免地面临着日益增多的灾难等突发事件。无论是自然灾害、疾病暴发还是恐怖袭击、冲突对峙等,不仅对各国人民的生命和财产安全造成极大威胁,还会引发广泛的公众心理危机,因此及时有效开展心理救援已成为国内外、军内外尤为关注的重要议题。心理救援力量也成为国际上最为重要的救援力量之一。在突发或紧急情况下,有效掌握、合理运用常用应急心理救治技术与方法,增强个体自救-互救能力,将有助于我们减轻心理伤痛,尽快从创伤中复原,重新拥抱生活,回归社会。

因此,编写团队在充分吸纳当前国内外危机干预及军事心理应激领域研究最新成果的基础上,结合多年来在教研实践和重大危急事件处置中积累的经验,创造性提出"应急心理救治"概念,将军事应激防控与危机干预整合在一起,梳理出十一种常用的应急心理救治技术、三种模块化救治策略,汇编而成《部队应急心理救治实用技术》,以系统阐释应急心理救治工作中的实践流程与主要技术要点。

本书编写汇集了团队成员的大量热情与心血。全书共分五章二十三节内容,编写人员均为陆军军医大学的教学与科研工作者,各章节作者分别是:第一章汪涛,第二章徐晓晓、谭青蓉、伍芳慧,第三章胡丰、徐晓晓、汪涛、靳灿灿、杨卓娅、夏蕾、牟楠、黄俊,第四章汪涛、胡丰、徐晓晓,第五章汪涛、杨卓娅、徐晓晓。全书最后由汪涛、徐晓晓、靳灿灿、黄俊完成初稿的修订和最终统稿工作。

本书既可作为地方或军队院校心理学、医学、社会学等专业应用心理学相关课程的专业教材,又可作为地方院校及部队心理工作者、管理者、社会工作者继续教育的参考用书。对于消防、武警以及军队而言,书中所介绍的有关技术与方法可有效提升官兵应急心理救治水平,有力保障战斗力的生成。

在编写过程及成稿试用阶段,得到了院校专家及部队专家的大力指导与帮助,包括陆军军医大学李敏、杨国愉、冯正直、肖清滔、杨小刚,中国人民解放军总医院姜荣环,空军特色医学中心杨蕾,部队专家李萍妹、陈晓芬、郑燕芬、席涛、李洪泉、陈志国、兰新隆、薛欣、李慕岩、蒋镕霄、谢钧润、张蕾蕾、熊亚文、武瞳、张超等,在此致以最诚挚的感谢!本书是编者所承担的国家社会科学基金项目及陆军军医大学相关课题的部分研究成果,该书的出版得到了陆军军医大学人才扶持计划的资助。

感谢西南大学出版社的任志林先生对本书出版付出的诸多辛劳与支持!感谢国内外相关领域专家们长期积累的丰硕成果,在浩瀚的知识海洋中我们仅仅是采撷到了部分!由于应急心理救治相关理论与技术在不断地发展,许多问题仍需在各种特殊环境的相关实践中去进一步探索和解决,同时,编者在专业知识方面存在局限与不足,编写中出现缺陷和瑕疵是难免的,恳请各位专家、同行和读者批评指正,以便后续能进一步修订完善。

汪涛
2024年6月

目录

第一章　部队应急心理救治概述 …………………… 1
- 第一节　部队应急心理救治的基本概念与相关理论 ………… 1
- 第二节　部队应急心理救治的基本原则 …………… 4
- 第三节　部队应急心理救治的基本流程 …………………… 7

第二章　部队官兵常见身心应激与心理评估 ………… 11
- 第一节　部队官兵常见身心应激 …………………………… 11
- 第二节　部队应急心理评估 ………………………………… 14

第三章　部队应急心理救治常用技术 ………………… 19
- 第一节　沟通技术 …………………………………………… 19
- 第二节　放松技术 …………………………………………… 24
- 第三节　着陆技术 …………………………………………… 28
- 第四节　安全岛技术 ………………………………………… 32
- 第五节　保险箱技术 ………………………………………… 39
- 第六节　正常化技术 ………………………………………… 46
- 第七节　建立社会支持 ……………………………………… 52

第八节　提供实用帮助 …………………………………… 56
　　第九节　鼓励有效应对 …………………………………… 59
　　第十节　正性资源植入 …………………………………… 62
　　第十一节　正念运动 ……………………………………… 68

第四章　部队应急心理救治模块化策略 …………… 71
　　第一节　心理急救模块 …………………………………… 71
　　第二节　心理急救模块案例解析 ………………………… 75
　　第三节　危机事件应激晤谈 ……………………………… 79
　　第四节　危机事件应激晤谈案例解析 …………………… 83
　　第五节　战斗应激调控 …………………………………… 89

第五章　部队应急心理救治的伦理与自我关怀 ……… 99
　　第一节　部队应急心理救治中的伦理 …………………… 99
　　第二节　部队应急心理救治工作者的自我关怀 ………… 103

参考文献 ………………………………………………………… 107
附录 ……………………………………………………………… 110

第一章

部队应急心理救治概述

第一节

部队应急心理救治的基本概念与相关理论

部队应急心理救治指的是在战争或非战争的危急情境下,官兵心理稳态受到冲击后出现躯体、认知、情绪、行为等方面的身心失衡反应,救治人员基于一定的处置原则及时有效地开展心理评估与干预的过程。其目的在于最大限度地防控应急危机事件对官兵的身心影响,帮助个体尽快复原,从而提升官兵的耐挫抗压能力和作战心理效能,有效保障并强健部队的战斗力。

基于对部队应急心理救治概念的界定与认识,通过对军地双方在应急心理救治领域的理论与实践的系统回顾与梳理,本书将重点聚焦军事应激调控与心理危机干预这两大主题。

在军事领域,部队应急心理救治的理论与实践主要集中在战斗应激调控(combat stress control,CSC)及非战争军事行动下的心理救治等。当今世界局势的深刻变化,使我国更多地参与到维护世界和平的战争或非战争的军事行动中。部队官兵时常面临着前所未有的高应激、高风险与高压力环境,容易引发不同程度心理创伤的产生,导致卫生减员增加、战斗力受损,由此对部队战斗应激调控、心理危机干预等方面提出了更多更高的要求。

对战斗应激(combat stress)这一概念,历史上经历了一个较为漫长的认识过程[1]。美国内战时期,战场压力导致的心理异常被认为是"思乡病",第一次世界大战(简称"一战")时期又被称为"炮弹休克""疲劳综合征""战争神经症""歇斯底里征"等。第二次世界大战(简称"二战")期间,"精神性神经病""疲劳综合征""战斗疲劳""作战疲劳"等称谓被广泛使用。越南战争中逐渐开始使用"战斗应激"和"创伤后应激综合征",到了海湾战争"沙漠风暴"行动中开始称为"战斗应激反应(combat stress reaction,CSR)"。随后,"战斗应激反应"这一术语便由美国国防部加以确认并开始统一使用。

战斗应激反应(CSR)指的是在作战环境中军事行动人员所经历的一种急性、严重的心理反应。其症状复杂且不稳定,包括侵入性反应(焦虑、易怒、惊吓等)、回避性反应(失忆、抑郁、疏离等)、精神运动性反应(激越或迟缓)等多个维度的不同表现[1]。研究发现[2],战斗应激反应随作战时间呈现出"U"型变化曲线:战斗初期,面对可能的伤亡危险,应激反应发生率较高;随着经验的增加,对环境的逐渐适应,应激反应发生率开始降低;但持续地暴露于应激环境,创伤性事件不断增加,加之疲劳的累积,应激反应发生率会重新攀升,甚至会延续到战后,引起创伤后应激障碍的发生。

界定个体是否发生战斗应激反应的一个重要标准是军事行动人员是否出现战斗失能,即无法有效履行其战斗职能,甚至出现危及自身或其战友生命的行为。简而言之,就是依据作战个体战斗力水平是否受到影响来判断。在《美军战斗应激调控手册》中,依据对军人行为和作战效能的影响,战斗应激反应被分为适应性与非适应性两大类。适应性战斗应激反应通常以战斗力增强为特点。非适应性战斗应激反应则是指战斗力减退,个体应对机制失效,出现功能失调性的心理症状或障碍。

战斗应激调控的重点在于对非适应性战斗应激反应进行预防和处置,提升官兵应对能力,使丧失作战效能的官兵能够迅速恢复正常,重返战场[3]。为此,美国国防部对战斗应激调控有专门的总体部署:成立心理救治小组,建立分级救治模式,形成分类救治策略。21世纪以来,美国陆军还启动了一项综合性士兵健康计划(comprehensive soldier fitness,CSF)[4],旨在增强官兵面对困境的适应能力,以更好地应对战争和灾难的创伤,并推动个体的全面成长,提升部队的战斗力。近年来,我军在前期理论研究的基础上,结合国际维和、抗震救灾、抗击新冠疫情等多个重大非战争军事行动的经验总结,正逐步建立符合我军特色的战斗应激控制模式。

事实上,地震、飓风、洪灾等自然灾害,以及大规模疾病暴发、恐怖袭击、战争等重大危急事件发生时,受到冲击的不仅是个人,还有家庭、组织、团体,甚至国家都会受到巨大影响。因此危急状态下的干预除了个体危机干预之外,还包括更广泛的系统危机干预。20世纪40年代以来,学者们就对危机心理干预与应急管理进行了理论上的探索与干预方法的研究。

在危机理论方面,学者们提出了基本危机理论、扩展危机理论、应用危机理论等[5]。在干预方面,提出了平衡模式、认知模式、心理社会转变模式及混合模式等[6],形成了以心理急救干预为基本框架的干预流程以及诸多个体、团体干预方法,如眼动脱敏与再加工技术(eye movement desensitization and reprocessing, EMDR)[7]、紧急事件应激晤谈(crisis incident stress debriefing, CISD)等。CISD被进一步拓展为危机事件压力管理(crisis incident stress management, CISM)系统[5],强调事前危机教育与事后分类跟踪干预,形成了一个集预防—教育—紧急救助—后期追踪为一体的综合性管理体系,提供更为全面的危机与压力管理模式。

然而,人类危机本身的复杂性使得任何一种理论或模式都无法涵盖危机的所有方面,甚至部分方法仍存有争议,因此学界对危机领域的各种理论与方法探索仍在不断发展与完善中。进入21世纪以来,"生态系统观危机干预模式"的提出为我们提供了一些新的方向与视野。该模式认为个体是生态系统的一部分,危机干预的对象应当涵盖个体、机构、社区甚至国家,同时系统内部、个体之间以及系统与个人之间需要相互协调与合作,依靠多学科、多行业的人齐心协力,才能解决危机引发的复杂问题。

由此,部队应急心理救治务必做好以下几个方面的工作:一是明确一个中心任务,二是瞄准两个核心目标,三是做好三项基础性工作。一个中心任务就是坚持战斗力标准,应急心理救治的终极任务是全面保障并切实提升我军战斗力。两个核心目标包括：一是力争把危急事件给官兵所带来的身心损害降至最低；二是帮助个体从危急事件中恢复心理平衡与动力，寻找解决问题的新途径，促进危机向积极方面的转化与发展。三项基础性工作包括保障安全、动态评估、提供支持。保障安全指的是尽可能降低危急事件对当事人生命安全的威胁，同时还包括对其他相关人员身心安全的保护。动态评估指的是在应急心理救治过程中，不定期地对当事人身心状态进行专业评估，确保全程、动态掌握相关情况。提供支持指的是为当事人提供可靠、实在的支持与资源，树立战胜危机的信心与勇气。以上三项工作须全面贯穿于部队应急心理救治的整个过程，某些特殊情况下甚至还要延续到危机结束后相当长的一段时间，同时要加强多部门、多专业之间的协作。

为此，我们遴选并汇总了当前国内外最具代表性、临床实证效果较好的心理救治技术与策略，希望能达成以下目的：一是普及应急心理救治基本知识，促进广大官兵对应急心理救治理论与实践的熟悉与了解；二是将专业的干预技术尽可能普适化、程序化，以形成适应部队所需、易学好用、行之有效的方法策略，提高一线官兵自救与互救能力；三是为部队心理工作者提供系统的专业技术指导与方法参考；四是建立起一道联通院校与部队的"心"桥，为部队官兵备战保驾护航。

第二节 部队应急心理救治的基本原则

部队应急心理救治的基本原则是指导部队科学、有序开展心理救治工作所必须遵循的行为规范与操作准则。长期以来，各国军方一直在不断推进与完善此领域的相关研究。以美军为代表的外国军队自二战以来，历经了多次战争，在战斗应激防控方面积累了丰富的经验，对我军部队应急心理救治工作的开展有着重要的借鉴意义。

其中,由以色列精神病学家Salmon最初提出并发展形成的PIE原则最具影响力,成为当前各国部队战斗应激调控方面的重要参考原则[8]。PIE原则包括以下三大原则:①就近原则(proximity),指的是治疗应当在前线展开;②立即原则(immediacy),直接针对症状立即开展治疗;③期望原则(expectancy),对官兵赋予其能够快速恢复正常、重返战场的希望与肯定。研究发现,运用PIE原则能促使70%的战斗应激个体在72小时内重返部队,而送至后方接受治疗的伤员仅有16%能重返部队。以色列一项长期追踪研究发现,接受前线治疗的士兵在20年后出现创伤后应激障碍和精神病性症状的比例,比没有接受前线救治的士兵要低。这表明PIE原则能有效促进战斗应激个体尽快恢复身心功能,在防止部队卫生减员、保障部队战斗力上发挥着至关重要的作用。

美军在海湾战争、伊拉克战争及维和行动中,进一步将PIE原则补充并扩展形成了IMPRESS模式和BICEPS模式[8]。IMPRESS模式包括立刻(immediacy)、军事社会环境(military social environment)、就近(proximity)、休息补充(rest and replenishment)、期待归队(expectancy)、简单(simplicity)和各级监管(supervised at each level military role)7项原则。BICEPS模式包含简短(brevity)、立刻(immediacy)、集中(centrality/contact)、期待归队(expectancy)、就近(proximity)、简单(simplicity)等6项原则。综观以上两种模式,其核心仍然是PIE原则。

随着我军近年来非战争军事行动的增多,以及实战化军事演练的推进,我国军事心理学工作者结合我军实际及外军战斗应激调控方面的最新发展,将以上模式中的共同成分提取出来,并在实践中进行检验和改良,形成了符合我军特点的应急心理救治原则,即PIES原则。

P(proximity):就近,指应急心理处置应尽可能靠近前线,靠近战斗现场,靠近其单位。一方面要把应急状态个体迅速转移至相对安全的地方或前线救护所,另一方面也要尽量使其处于军事环境中。

I(immediacy):立刻,指的是救治开始得越早,效果越好,宜依据个体的应急状态与反应即刻开展针对性的处置。在这里,需要有经验的心理医生对目标人群加以评估和分类,依据轻重缓急原则来进行分级处置。通常,我们把直接受到生命安全威胁的个体列为第一级,即优先处置的重点人群,比如目睹战友伤亡、亲历应激事件或灾难的个体,出现严重应激反应或精神障碍者。

E(expectancy):期望,是指给予应急状态个体以积极的期望,告知其当前的反应是正常的,通过适当的休息与处置可很好地恢复,以增强其信心,使他们尽快回归正常,重返岗位。

S(simplicity):简单,明确此时的处置不是复杂的心理干预,而是简短、适当的身心照护。首先要满足基本的生理需要,及时补给食物和水、洗热水澡、换洗干净衣物等。长期紧张的战斗状态往往使官兵睡眠严重缺失,如持续48—72小时没有睡眠,个体便会丧失作战效能。因此补充睡眠很重要,对于严重睡眠缺失者,在条件许可的情况下可让其连续、不受打扰地睡眠,直到自然醒。同时,心理上要给予切实的支持,鼓励个体讲述自己的故事或创伤经历。告诉他并不孤单,其他人也会有类似经历,鼓励其尽可能参加日常班排活动。简单意味着处置的时间不会很长,通常在72小时之内大多数战士即可重新归队。如超过72小时,症状还未缓解,即需要转诊至下一级救治机构。

PIES原则清晰明了,实施起来简单易操作,并不需要救助者掌握系统而又复杂的专业理论与技术。如同止血包扎等战救技术一样,我们希望任何一位部队指战员在经过相应的培训后都能较好地知晓并有效实施一定的应急心理救治技术。切实理解以上四个原则所体现的应急心理救治理念,细化掌握应急心理救治相关技术与方法,可及时有效地帮助作战官兵科学开展心理自救与互救工作。

同时,在具体实施过程中,还需要特别注意以下几个方面。

(1)尊重个体差异。每个危急事件、每个被干预者都是独一无二的,需要个性化地看待与回应。由于时间紧迫或个体精力的耗竭,或被过分自信所误导,救治者可能会简单、笼统地处理各种问题。"刻板印象""想当然"等都是部队应急心理救治中常犯的错误,需要尽力避免。

(2)不贴疾病标签。任何人在面临危急情境时都会或多或少出现一些身心应激反应。这个时候如果我们过早地下诊断,贴上神经症或精神障碍性疾病的标签,个体可能会因为消极的自我暗示而产生一系列反应,从而导致症状加重,延缓个体正常功能的恢复。因此,不贴标签有助于个体建立并保持一种积极的信念。

(3)期待回归。PIES原则中,最核心、最重要的是抱有积极的期望。这意味着期望个体能远离疾病,远离应激所致的无助、失控及挫败感,能以积极态度去适应和应对当前变化。在运送战斗应激伤员时要注意避免使用常规的救护车,不穿病号服,每天给应激个体安排一些简单的工作,以这样的积极暗示和期望促进个体尽快重返军事环境。

(4)引导合理宣泄。情绪宣泄是个体在危急状态下的一种正常需求,也是创伤恢复中不可回避的必然过程,在帮助个体恢复感觉、驱散无助感和重新获得控制感的过程中扮演着重要角色。应鼓励应激个体采取一种不伤害他人、合理的宣泄途径,而不是无节制地放纵。

(5)提供支持。面对各种突发事件或意外打击,大多数人都会出现不同程度的非理性情绪状态。人在思维混沌、茫然失措时,特别需要亲朋好友或各级组织提供及时、必要的情感与社会支持。亲人、同事、朋友的同情、安慰、理解可以有效缓解应激事件对官兵的负面影响与冲击。

(6)救治者的自我关照。由于长时间接触负性事件、消极情绪,需要救治者对自身有相应的照顾。救治者应时刻意识到自身的局限,经常评估自己是否能够客观、有力地给救治对象提供支持,反复觉察自己是否处于超负荷状态,警惕同情耗竭、替代性创伤的发生。

第三节
部队应急心理救治的基本流程

部队应急心理救治的主要目的是最大限度地防控应急事件对官兵的身

心影响,帮助其尽快复原并能及时重返战场,同时提升个体的耐挫与抗压能力,有效保障战斗力的生成。从这一目标可以看出,部队应急心理救治在工作时效性和工作范围等方面都与一般的心理咨询或心理治疗有所不同。它要求救治者关注发生的危急紧张事件,密切防控事件对个体造成的负面影响,并在短时间内帮助个体尽快恢复适应性的功能。因此,必须遵循特定的规范化流程开展救治,才能起到更好的效果。参照国际同行的心理急救技术流程[9],我们把部队应急心理救治过程分成以下七个环节,如图1-1。

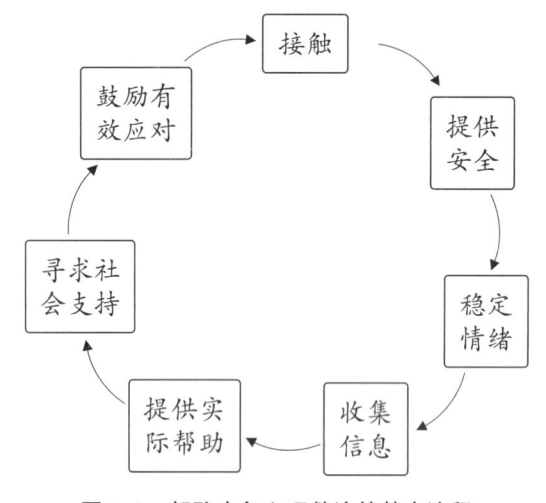

图 1-1 部队应急心理救治的基本流程

第一环节:接触。该环节的目标是获得并回应事件当事人发出的信息,以富有同情心并乐于助人的态度积极主动地接触当事人。在实际工作中,可以是救治者的主动介入,也可以是被第三方邀请来提供帮助。不管是主动介入还是被动接触,其核心在于与当事人建立起信任的帮助与被帮助关系。

主要工作包括以尊重且同情的方式去和当事人进行接触,介绍自己的姓名和身份等信息,真诚地询问其当前的需求;恪守保密原则,最大程度地保护当事人的隐私等。

第二环节:提供安全。提供安全的目标是提高应激个体当下及后续的安全感,使其得到身体和情感上的舒适和安全感。遭遇重大创伤的个体,首先面临的困境就是身处危险境地,安全感被破坏,因此帮助当事人重建安全感是开展心理救治的重要环节,并且贯穿整个救治过程。

主要工作包括确保当事人第一时间的人身安全,提供有关事件应对的活动与服务的信息,给当事人提供舒适的身心环境,避免更多的创伤体验或提示当事人的创伤经历,帮助当事人的战友、家人和亲朋,满足其基本的生活需要等。

第三环节:稳定情绪。稳定情绪的目标是识别并安抚情绪崩溃或精神紊乱的当事人。应激事件后产生强烈的情绪体验(如紧张、恐惧、悲伤、愤怒等)是正常现象,需进行心理上的安慰与陪伴。对少数反应强烈、持久以至于严重影响正常功能的当事人,要考虑实施更加专业的救治。

主要工作包括通过观察和访谈了解当事人目前的状态:是否存在认知功能受损(如目光呆滞、对语言提问或者要求无反应等)、强烈的情绪反应或生理反应、过激行为等。如果存在上述状况,使用言语安抚放松技术、着陆技术、安全岛技术、保险箱技术、药物治疗等,帮助当事人稳定情绪,恢复身心平衡。

第四环节:收集信息。收集信息的目标是了解当事人现阶段的需求与担忧,快速评估心理危机等级,制订个性化的心理救治措施。在提供心理救治措施的时候要注意灵活性,应该根据不同的当事人和他们的需求调整救治措施。收集足够多的信息可以帮助我们更好地理解当事人,并能够灵活调整和优化救治措施以满足他们的需要。

需要收集的信息主要包括:创伤经历的性质和严重程度、是否有重要他人的伤亡、对当前环境和持续存在的威胁的担忧、与亲人分离或担心亲人的安危、身体或心理疾病的救治需求、家庭财产等丧失、极度的内疚和羞愧、伤害自己或他人的念头、社会支持状况、过去的创伤史、饮酒或药物滥用情况等。

第五环节:提供实际帮助。提供实际帮助的目标是为当事人提供直接与其现阶段需求和忧虑有关的实际帮助。协助当事人处理当前或预期的问题是心理急救的一个核心组成部分,当事人可能会更欢迎一个能解决问题的实际帮助者。在整个应急心理救治过程中应随时讨论最迫切的需求,并尽力帮助当事人满足这些需求。

主要工作包括:和当事人一起确认其最紧急的需求,澄清并证实需求;讨论行动计划,付诸行动并满足需求;使当事人与协同救助机构建立联系并获取实际帮助等。

第六环节:寻求社会支持。建立社会支持的目标是帮助当事人与最初的救援人员或其他支持力量建立起短期或持久的联系。这些资源包括单位、家人、朋友以及社区援助资源、社会救援力量等。任何可以给当事人带来支持和帮助的他人或团体都可以成为他的社会支持系统。

主要工作包括:尽力提供可靠、实用的社会资源,最大程度让当事人与这些外部系统建立起有效的联系;协助当事人寻找来自个体及家庭的有关资源,以获得长期、稳定的情感支持,重建被需要感和价值感。

第七环节:鼓励有效应对。鼓励有效应对的目标是介绍危机与应激相关知识,讲授减轻压力和恢复适应功能的方法,促进个体积极应对危机,有效解决问题,减少适应不良反应。之所以会出现心理危机,其中一个最重要的原因是个体既往的应对机制失效。因此帮助当事人找到更多积极有效的应对方式,就是为解决当前的困境积累更多的办法和资源,改变无法应对的局面,找回力量和信心。

主要工作包括:给当事人提供积极应对方式的范本,帮助当事人识别消极应对方式,完成消极应对向积极应对的转变,发掘当事人自身资源以应对危机等。

第二章

部队官兵常见身心应激与心理评估

第一节

部队官兵常见身心应激

在高风险、多重压力的极端作战环境中执行任务,部队官兵经常面临严峻考验。在现代高科技信息化军事战争中,战场的危险性、环境的艰苦恶劣,以及高技术条件下全方位、全时空和多维度心理战的强大攻势,使得部队官兵持续暴露于复杂的应激环境,接受多重极端应激源的考验,极易产生各种身心应激反应并导致部队战斗力的显著降低[10]。因此,了解我军官兵常见应激源的类型,把握身心应激反应的具体表现,才能有的放矢地开展应急心理救治,防止官兵身心功能损伤和维持战斗力。

一、部队官兵常见应激源

应激(stress)概念由加拿大病理生理学家 Hans Selye 于1936年首先提出,他认为应激是机体对外界或内部各种刺激所产生的应答反应。事实上,现代应激理论认为,心理应激是一个动态过程,包括造成身心反应的各种应激源以及各种生理和心理上的应激反应等。

军人作为一个特殊群体,经常处于特殊环境和特定任务之中,主要面临着军事相关应激源和非军事相关应激源的双重考验。

(一)军事相关应激源

军事相关应激源主要包括：(1)与作战或训练任务相关的应激源,如军事对抗、军事演习、各类作战任务准备、维和维稳、救灾抢险、轮岗倒班、日常军事训练等。(2)特殊作业环境,如战机驾驶舱、潜艇内环境、水面舰艇、装甲车等密闭空间,噪声、高温等作业环境[11]。(3)特殊自然环境,如极寒、缺氧等高原环境,高热、干旱等热区环境。

(二)非军事相关应激源

非军事相关应激源主要包括：(1)婚恋家庭方面。军人长期与家人两地分居、缺席家庭重大事件,往往在夫妻感情、子女教育、老人赡养等方面面临着诸多现实问题。(2)个人成长方面。考学提干、晋职晋级、立功受奖、军改去留等,事关官兵未来发展与事业前途,也是官兵面临的常见应激源。(3)社会环境方面。如社会动荡、政治制度的重大变革等。

二、部队官兵常见身心应激反应

官兵遭遇应激事件后,通常会经历"创伤冲击—创伤防御—危机解决—创伤后成长"四个阶段。在这一过程中,个体产生的身心应激反应通常包括生理性应激反应和心理性应激反应。

(一)生理性应激反应

生理性应激反应主要表现为心跳加快、呼吸急促、血压升高、肠胃不适、食欲下降、失眠、易受惊吓等。这些反应主要由人体内蓝斑—交感—肾上腺髓质系统和下丘脑—垂体—肾上腺皮质系统两大系统调控。蓝斑—交感—肾上腺髓质系统又被称为"快反应系统",该系统反应迅速、持续时间较短,反应一般在应激发生10分钟后回到基线水平。下丘脑—垂体—肾上腺皮质系统(hypothalamic-pituitary-adrenal axis, HPA Axis),也就是我们经常所说的

HPA轴,又被称为"慢反应系统",生理性应激反应通常在应激暴露10—20分钟后才能够达到峰值[11]。

(二)心理性应激反应

心理性应激反应主要表现在认知、情绪、行为三个方面[11]。

1.认知方面

处于应激状态的官兵在认知方面通常表现为注意力难以集中、缺乏自信、不能把注意力从危机事件中转移等。严重应激事件还可能导致官兵对自我、他人和周围世界产生怀疑和负性思维,如"我太没用了""其他人要害我""这世界太危险"等。

2.情绪方面

遭遇应激事件的官兵在情绪方面主要表现为惊恐、焦虑、否认、悲伤、无助、自责、抑郁、愤怒等。

恐惧是应激事件中最易诱发的一种情绪,因受到威胁而产生并伴随着逃避愿望。适度的恐惧情绪可使人们提高警惕性,启动必要的防御机制,以保护自我,但过度恐惧不仅妨碍个体的作战效能,严重者还会导致渲染效应,影响官兵整体士气。

焦虑也是面对危机时常见的一种情绪反应。适度的焦虑可促使个体积极应对危机事件,但过度焦虑会削弱个体的应对能力,甚至妨碍正常生活。

面对危机事件,个体往往也会陷入抑郁情绪之中,表现为情绪低落、悲观自责、对任何事都不感兴趣等。如果个体长时间处于抑郁状态,可能会发展成为抑郁症。

3.行为方面

应激所致的异常行为主要表现为回避与疏离、退行与依赖、敌对与攻击、无助与自怜、冷漠等。

回避与疏离行为:指的是个体往往尽力回避危机事件发生的地点、有关想法,努力回避相关话题的谈论或感受等,远离人群,逃避人际关系。

退行与依赖行为:指的是个体日常及社会功能发生退行,开始对事物无主见,对自己日常行为和生活管理的自信心不足,被动性增加,事事都要依赖他人。

敌对与攻击行为:个体往往表现为过于敏感,易产生愤怒情绪,对他人表现出敌对和攻击等过激行为。

无助与自怜:个体多次尝试解决问题,最终无法控制事件的发生发展时,会出现无能为力和被动挨打的行为反应。还有人会因缺乏安全感而独自哀叹和自我怜惜。

冷漠:如果事件长期无法得到解决,个体改变境遇的希望渺茫,为求得表面上的宁静,个体可能表现出冷淡、无动于衷的态度。

总体而言,适度的应激反应可以提高官兵反应速度、改善认知能力、增强作战效能;但过度的应激反应则会导致个体注意力涣散、反应迟钝、作战效能下降甚至丧失,不仅可直接导致战时卫生减员,还可能因参战人员决策失误而贻误战机。

第二节 部队应急心理评估

应急心理评估是部队应急心理救治的重要环节,及时、恰当、准确的评估是有效开展应急心理救治工作的基础。救治者需要在短时间内通过评估,迅速准确地了解当事人所处的情境和身心应激反应的严重程度。

危急情境下,救治者往往没有足够的时间去深入了解当事人的具体情况并进行系统全面的诊断评估。因此,评估可以根据实际需求与现场条件,使用一种或者多种方法,从应激事件、应激反应、自杀风险评估、应激中介因素四个方面灵活开展。

一、对应激事件的评估

是否有重大应激事件发生以及对当事人带来哪些影响,是开展危机评估的首要关注点。救治者可以采用访谈的形式询问当事人一些问题,例如"你能讲一讲发生了什么事吗?这个事件对你的生活造成了什么影响?影响到你的工作了吗?"等,通过初步的访谈,对应激事件形成一个总体印象。

如果时间允许,可考虑采用心理问卷对应激事件进行评估。常用的评估工具有生活事件量表(life events scale, LES)[112](附录1),共有48个条目。通过该量表,可以了解具体哪些应激事件对当事人造成了影响。

二、对应激反应的评估

以当事人的言行举止与表情姿态为基本线索,围绕其情绪状态、认知状态、行为表现、躯体反应四个方面进行评估。

(一)情绪状态

情绪方面的异常或受损往往是当事人处于心理失衡状态的第一征兆,表现为情绪反应过度或者失去控制。应急心理救治者对当事人的情绪状态进行评估时,需要判断以下几个方面:(1)情绪反应是否与环境相协调;(2)情绪反应是否稳定、可控;(3)情绪反应的持续时间和程度等。

(二)认知状态

应激状态下,当事人的认知状态可能表现为意识障碍,如:意识朦胧、意识范围狭小,注意力集中困难、注意范围狭窄,以及记忆、思维、想象力减退等。因此,救治者对当事人认知状态的评估可从以下方面进行:(1)认识和感知是否与现实相符,是否出现麻木、解离症状等;(2)注意力是否受损;(3)记忆、解决问题和做决定的能力是否正常等。

(三)行为表现

观察当事人的行为方式和活动,以了解当事人的主观能动性和自控力。

可从以下几个方面进行：(1)行为是否得体；(2)行为是否稳定；(3)日常功能是否受到影响；(4)行为对自己或对他人是否有攻击性或伤害等。

(四)躯体反应

躯体反应是开展应急心理评估的重要线索。对当事人躯体反应的评估可从以下几方面进行：(1)神经系统功能是否紊乱，如出现头晕头痛、病理性兴奋等症状；(2)睡眠是否受到影响，如失眠、多梦、早醒等；(3)肠胃功能是否紊乱，如出现茶饭不思、消化功能差等。

除了采用以上观察、访谈的方法以外，还可以采用心理测验法对应激反应进行评估。常用的评估工具有斯坦福应激反应问卷(Stanford Acute Stress reaction Questionnaire, SASRQ)[13](附录2)，共有30个条目。通过该问卷，可以了解当事人是否存在分离症状、创伤事件再体验、对创伤事件的回避、高唤醒症状、社会功能受损五个方面的问题。

三、自杀风险评估

应急事件可能引发当事人出现各种非理性行为，自杀是影响最为严重的行为。救治者对当事人是否存在自杀风险可以从以下两个方面进行评估。

一是自杀的危险因素。主要有：有自杀家族史、有自杀未遂史、有自杀计划、经历离婚或亲人去世等重大事件、有躯体和心理创伤等。当事人暴露的危险因素越多，自杀的风险越高。

二是自杀线索。自杀线索主要是言语线索和行为线索。言语线索是指口头或书面地、直接或间接地表达自杀意图，例如口头表达"我不想活了,活着没意思"等，或通过日记、遗书等方式间接地表达自杀意愿。行为线索是有关自杀的各种行为方式。例如在行为、个性等方面出现突然的、明显的改变，为自己准备后事，收集与自杀方式有关的资料，购买自杀工具，反复出现危险行为等。

常用的评估工具有自杀意念自评量表(self-rating idea of suicide scale, SIOSS)[14](附录3)，共有26个条目，包括绝望、乐观、睡眠、掩饰四个因子。通过该量表可以快速评估当事人有无自杀意念。

四、对应激中介因素的评估

个体应对方式、社会资源是重要的应激中介因素,是否拥有有效的应对方式、积极可靠的社会资源,决定了个体危机反应的程度以及能否顺利度过危机。

(一)对应对方式的评估

应对方式是个体对现实环境变化有意识、有目的和灵活的调节行为。个体的应对方式具有一定的倾向性,不同类型的应对方式可以反映个体心理的成熟度。通过对应对方式的评估可以间接推测个体遭受应急事件后反应的程度和结果。

常用的评估工具有简易应对方式问卷(simplified coping style questionnaire, SCSQ)[15](附录4),共20个条目,分为积极应对和消极应对两个维度。积极的应对方式主要有解决问题、求助等,消极应对方式主要有回避、自责等。

(二)对社会资源的评估

关于资源评估,要从个人资源和社会资源两个层面进行。个人资源方面,救治者可以通过询问当事人一些问题来评估,例如,在过去类似的情况下,会采取什么行为重获控制感?在现在的情况下觉得可以做什么?社会资源方面,主要是通过了解当事人的社会支持特点及状况,来评估其社会资源是否良好,比如,现在有没有什么人是你能立即联系到并且会给予你支持的?

常用的评估工具有社会支持评定量表(social support rating scale, SSRS)[16](附录5),共有10个条目,分为客观支持、主观支持和对社会支持的利用三个维度。

随着科学技术的发展和学科间的交叉融合,皮质醇、心率、皮肤电等应激相关生理指标有望被应用于临床心理危机评估。同时还可借助脑电、功能磁共振成像、近红外脑功能成像等技术手段，以期达到高效、精准评估与诊断的目的。

综合以上四个方面的评估，我们可以将危机当事人快速识别为高危人群、重点关注人群和普通人群三类。

第一类为高危人群。遭遇重大创伤性事件后，该人群通常情绪完全失控、思维混乱、行为异常，甚至出现自杀倾向或自杀行为；同时丧失或缺少相应的应对能力、社会资源匮乏。该人群往往需要即刻进行危机干预和全面的心理照护。

第二类为重点关注人群。经历危机事件，该人群有着强烈的主观痛苦感受，认知和行为功能受损，但有一定的应对能力和部分社会资源。该人群需密切关注，针对性地进行心理干预。

第三类为普通人群。经历危机事件，该人群主要表现为应激情境下的轻微失调，如出现情绪紧张、非理性思维等，但能用理智控制，对日常生活和学习影响较小，能照常工作，可以自己主动调整缓解。针对此人群，开展适当的心理健康教育与指导可有效帮助其顺利度过危机。

第三章

部队应急心理救治常用技术

第一节 沟通技术

应急心理救治者与心理危机当事人保持良好的沟通与交流,是有效推进应急心理救治的前提和基础。建立和保持良好的沟通和相互信任关系,有助于当事人解决危机,使其功能水平至少恢复到危机前水平,甚至高于危机前的心理平衡状态。良好的沟通技术包括倾听、询问、内容反应和情感反应[10]。

一、倾听

倾听是建立良好关系的基本环节。良好的倾听技术是应急心理救治者必须具备的能力,事实上有时仅仅倾听就可以有效地帮助心理危机当事人。

(一)技术要点

1.听言下之意

只有认真倾听当事人的陈述,才能充分了解他、理解他、接纳他,洞察当事人隐藏在心中的深层次含义。

2. 让当事人觉得被尊重

具有良好倾听技巧的应急心理救治者往往会给当事人传递出一种信息——"你的意见和感受,对我来说很重要",让当事人觉得被尊重。

3. 全面评估

应急心理救治过程中,要鼓励当事人清楚、完整地表达自己的意图,这样有助于救治者全面评估当事人的目前状况,制订后续干预计划。

4. 情绪宣泄

有效倾听当事人诉说,有助于缓解当事人的压力、释放情绪,起到很好的情绪改善作用。

5. 梳理思路

认真倾听当事人说话的内涵、有疑惑的地方,及时澄清、核实当事人所说话的含义,允许当事人有思考的余地,有助于帮助当事人梳理思路,引导其从各个方面思考问题。

6. 不随意打断当事人的话

随意打断当事人的话容易打断思路,让当事人感到紧张与不安。如有必要打断,应该委婉地咨询当事人的意见,如:"对不起,我能打断一下吗?有一个重要的细节我想弄清楚。"

7. 注意眼神交流

用眼神不时关注当事人,有眼神的接触,能传递一种友好、关心、体贴的信息。

(二)注意事项

(1)将全部精力集中于心理危机当事人。

(2)领会当事人言语和非言语的交流内容(有时当事人未讲出的东西要比讲出的更重要)。

(3)敏锐地捕捉当事人与他人,特别是与救治者进行情感接触时的状态。

(4)通过言语和非言语的行为表现建立信任关系,使当事人接受并认可应急心理救治。

二、提问

应急心理救治中,不可避免地需要通过向当事人提问来了解情况。恰当的提问可促进双方关系、增进交流;相反,不恰当的提问可能破坏双方关系,阻碍干预进程。常用的提问方法包括开放式提问和封闭式提问。

(一)开放式提问

一般以"什么""如何""能不能"等来开头,有助于引出当事人的自身感受、想法以及和行为相关的内容。

要求当事人描述危机事件时,可以这样提问:"具体发生了什么事?""这是如何发生的呢?"

询问当事人的计划或者行动时,可以这样提问:"你将怎么做呢?""你将如何来实现呢?"

进行追问时,可以说:"什么时候发生的呢?""与哪些人或事有关?""然后发生了什么呢?"

评估当事人的状况时,可以说:"和以前相比,哪些不一样呢?""当这件事发生时,你是如何处理的呢?""你可以向哪些人寻求帮助呢?"

开放式提问需要注意以下几点:

(1)慎重使用"为什么"进行提问。

(2)要以良好的关系为前提。

(3)提问时注意语气语调。

(4)不要让当事人过多地处在被"询问"地位。

(二)封闭式提问

封闭式提问通常用来明确、澄清危机当事人的真实想法,获取重点,缩小讨论范围,控制谈话方向等。提问通常使用"您同意吗?""是不是""可不可以""有没有"等,当事人以"是""否"或做某项选择等来进行回答。

询问具体信息时,可以说:"你想伤害他吗?""第一次出现这样的念头是什么时候?"

获取当事人的承诺时,可以说:"你愿意与他人合作完成这件事吗?"

进一步明确当事人的意图时,可以说:"你明白我说的吗?"

封闭式提问需要注意以下几点:

(1)避免使用反问,如"不是这样的吗?""难道不是吗?"

(2)不连续使用封闭式询问,以免让当事人陷入被动回答之中,产生压抑感和被审问感。

(3)勿想当然地猜测当事人的问题或原因,否则会导致不信任甚至反感。

三、内容反应

内容反应是指应急心理救治者把当事人的主要言谈、思想加以分析、概括、总结、提炼,再用简短的语言将其反馈给当事人,启发其用不同的视角来剖析自己的困扰,从中发现问题的关键及解决之道。主要包括对当事人言语和非言语信息的反馈,其目的在于保证沟通的准确性。

该技术的基本要领包括:

(1)倾听并归纳当事人的基本意思。救治者可以在心中重复或回忆当事人谈话的内容,思考"当事人诉说的信息告诉了我什么?"。

(2)提纲挈领地向当事人复述基本意思。尽量选择一种接近当事人的词汇和意思来解释说明当事人的意图。

(3)观察当事人的反应,确认其是否感到被理解。通过倾听和观察当事人的反应来评估释义的效果。

四、情感反应

情感反应是指应急心理救治者把当事人言语与非言语行为中包含的情感内容整理后反馈给当事人,使其对自己隐藏的情绪有明确和清晰的认识,引出其丰富的情感世界,并加以疏通、调理和释放,以促进当事人心理复原。

该技术包括以下步骤:

(1)倾听并思考当事人的基本情感。注意倾听当事人信息中使用的情感词汇,留心观察当事人传递信息时的言语表情、面部表情及身体姿势表情。

(2)用语言传递当事人的情感。救治者将体会到的包含在言语和非言语信息中的情感,用自己的语言反馈给当事人;在语句中加入当事人情感发生的情境。

(3)评估当事人的感受。观察当事人的反应,评估救治者对其进行的情感反应是否准确。

进行情感反应时需要注意:

(1)注意当事人的无意识反应。呼吸、面部表情和脸色、身体紧张度、声调,尤其是言语的犹豫不决或迟疑等的变化都与当事人的情绪密切相关。

(2)给予支持与陪伴。当事人情绪激动时,如流泪、愤怒、失望、兴奋,救治者要觉察自己情绪的变化和可能受到的影响,同时给当事人以支持,为其留有情绪宣泄的空间。

以下是倾听、提问、内容反应和情感反应技术在具体案例中的运用。

案例情景:战士小王,男,19岁,1年兵。最近两个月因工作总是无法按照规定时间完成而受到班长的批评责骂,情绪低落,怀疑当前工作的价值和人生意义,前来向心理医生求助。

心理医生通过使用倾听、询问、内容反应和情感反应的方法具体了解小王的现状。

小王:最近不知道怎么了,手上的工作总是无法按照既定的时间完成,所以越积越多,老是被上级骂。心情低落,有时又很急躁。我时常怀疑做这些工作的意义在哪里,感觉自己没有什么价值。可是想得越多,越是没办法安静下来做事情。

心理医生:最近你总是无法按时完成该做的事,因而堆积了很多工作,导致班长的批评(内容反应),这使你心情波动很大,怀疑工作的意义和自己的价值,可又不知道如何是好(情感反应)。

小王:有那么多的工作没有完成,我心里很着急,可就是不能向前推进,我很想知道自己到底怎么了。如果不先解决这个问题,我内心的焦虑无法减轻,因脾气失控与其他战友发生冲突的次数可能会更多。

心理医生: 你想知道自己到底怎么了,才能让自己平稳下来,完成工作,否则你无心工作,担心与他人的冲突会更多。(倾听)

小王: 是这样。我……我……哎……(沉默30秒)

心理医生: 刚刚你似乎想到了一些事情,但是没有说更多,不知道在你沉默的时候,你想到了些什么?(开放式提问)

小王: 其实,我在想可能我的问题与战友间人际关系有关。

心理医生: 你与战友之间发生了什么呢?

……

第二节

放松技术

危机事件发生初期,个体常常会处于一种高度的紧张、焦虑、无助、失控甚至崩溃的不稳定状态,需要及早进行有针对性的稳定化处理。稳定化处理就是让危机个体与创伤相关感受、体验保持适当的距离,帮助个体恢复生理和情绪上的稳定感,重新恢复对生活的掌控感,主要用于危机干预的初始阶段,是应急心理救治中的关键环节。

放松技术是常用的稳定化处理方法之一,主要有深呼吸放松、渐进式肌肉放松、想象放松、冥想放松等多种方法。我们主要介绍深呼吸放松、渐进式肌肉放松这两种最常用的放松方法[22]。

一、深呼吸放松

(一)深呼吸放松原理

人体自主神经系统包含两个部分:交感神经系统与副交感神经系统。交感神经系统就好比汽车的加速器,副交感神经系统就如同汽车的制动器。当交感神经系统被激活时,会促使身体做好运动准备,应对压力的"战"或"逃"反应;而副交感神经系统被激活时,则会使能量得到保护,身体得到放松。深呼吸可以激活人体中的副交感神经系统,迅速缓解紧张,从而达到身心放松的目的。

(二)具体操作方法

第一步:准备一个舒适而又感到安全的姿势,既可以站着也可以坐着,保持上体直立和放松,调整你的姿势直到你感觉舒服为止。

第二步:将注意力集中到你的呼吸上,吸气,缓慢并深深地吸气,心里默数"1,2,3,4",约4秒空气可充满胸部。吸气应均匀、舒缓而有节奏。

第三步:把空气吸入后稍加停顿。感到轻松、舒适、不憋气。

第四步:呼气,要自然而然地、慢慢地把肺底的空气呼出来。此时,肩膀、胸直至膈肌等都感到轻松舒适。在呼吸时还要想象着将紧张慢慢地驱散出来。注意放松的节拍和速度。

依照自己的节奏重复进行10次左右的深呼吸,可逐步让自己找到稳定、放松的感觉。

(三)注意事项

(1)呼吸深浅、节律有个体差异,在引导过程中要提示对方找到自己的呼吸深度与节律。

(2)部分人在进行深呼吸的时候会有憋气或者心慌的感觉,这是没有找到合适的呼吸节奏造成的,可以让对方多体验几次,找到最舒服的节奏。

(3)在深呼吸的基础上,还可加入一些积极的暗示,比如在吸气的时候想象清新的空气带着能量通过鼻腔进入肺部,进而通过血液到达我们全身,给我们身上每一个细胞注入活力;呼气的时候想象所有的紧张、压力、不快跟随呼出的二氧化碳,全部排出体外。

二、渐进式肌肉放松

渐进式肌肉放松技术的原理是通过操纵神经系统控制的"随意肌肉"反应,消除肌肉紧张感,进而缓解情绪紧张,即通过肌肉的放松,引起情绪的放松。

(一)技术要点

指导语:调整一下自己的身体姿势,找到一个舒服的位置。现在我来教你如何使自己放松。为了做到这一点,我会先让你紧张起来,然后再放松你身上的肌肉群。先紧张后放松的用意在于使你能体验到什么是放松的感觉。因为只有知道了什么是紧张的感觉,我们才能更容易体验出什么是放松的感觉,从而学会如何保持这种感觉。

第一步:上肢。伸出前臂,握紧拳头,用力握紧,保持10秒以上,可在心里默数1,2,3,4,…,10,注意手上的紧张感觉。然后彻底地放松你的双手,体验放松后的感觉。

第二步:双臂。弯曲双臂,用力弯曲绷紧双臂的肌肉,保持10秒以上,可在心里默数1,2,3,4,…,10,感受双臂肌肉的紧张。彻底地放松你的双臂,体会放松后的感觉,仔细体会并记住这种感觉。

第三步:双手。双臂伸直,两手同时握紧,保持10秒以上,感受双手和手臂的紧张。彻底地放松你的双手和双臂,双臂自然地垂下,体会放松后的感觉,注意这些感觉,仔细体会并记住这种感觉。

第四步:头部。绷紧前额部肌肉,保持10秒钟以上,感受额头的紧张感;放松,彻底地放松你的额头,体会放松后的感觉,注意这些感觉,仔细体会并记住这些感觉。

第五步:眼睛。双眼紧闭,保持10秒钟以上,感受眼睛周围的紧张感;彻底地放松你的眉头和眼睛,体会放松后的感觉,注意这些感觉,仔细体会并记住这些感觉。

第六步:面颊。咬紧牙关,使嘴角尽量向两边咧,鼓起两腮,就像在极痛苦状态下使劲一样,保持10秒钟以上,感受面部内外的紧张感;彻底地放松脸颊、牙齿,体会放松后的感觉,注意这些感觉,仔细体会并记住这些感觉。

第七步:躯干。耸起双肩,绷紧肩部肌肉,保持10秒钟以上,感受肩膀的紧张感。彻底地放松你的肩膀,体会放松后的感觉,注意这些感觉,仔细体会并记住这些感觉。

第八步:胸部。双臂往后伸展,让胸部紧张起来,保持10秒左右,感受胸部的紧张感。彻底地放松你的胸部,体会放松后的感觉,注意这些感觉。

第九步:背部。收缩双臂,让背部肌肉紧张起来,保持10秒钟以上,感受背部的紧张感;彻底地放松你的背部,体会放松后的感觉,注意这些感觉,仔细体会并记住这些感觉。

第十步:腹部。屏住呼吸,绷紧腹部肌肉,保持10秒钟以上,感受腹部的紧张感。彻底地放松你的腹部,体会放松后的感觉,注意这些感觉,仔细体会并记住这些感觉。

第十一步:下肢。伸出右腿,右脚向前用力像在蹬一堵墙,绷紧右腿肌肉,保持10秒钟以上,感受右腿和右脚的紧张感。彻底地放松你的右腿,体会放松后的感觉,注意这些感觉,仔细体会并记住这些感觉。

伸出左腿,左脚向前用力像在蹬一堵墙,绷紧左腿肌肉,保持10秒钟以上,感受左腿和左脚的紧张感。彻底地放松你的左腿,体会放松后的感觉,注意这些感觉,仔细体会并记住这些感觉。

(二)注意事项

(1)尽量在安静的环境中进行练习,光线不要太亮,尽量减少无关刺激,以保证放松练习的顺利进行。

(2)每个动作可以重复1—2次,帮助练习者真正体会到肌肉放松的感觉。

(3)治疗者在指导时,要注意利用自己的声调语气来创造一个有利于来访者放松的气氛。肌肉由紧张到放松的过程都要有一定的时间间隔。

第三节

着陆技术

着陆技术也是一种重要的稳定化技术[7,18],通俗地讲,就是把个体从创伤体验拉回到现实世界中,也被称为落地技术。

一、技术原理

经历危机事件后,大多数人会出现不同程度的身心反应,有些人会出现情绪过于激动,不可抑制地回想或想象那些恐怖的画面的情况。这时候人是陷在自己的内在主观世界之中的,需要把他的注意力从过分关注内心世界转到关注外部世界中来。

着陆技术主要通过视觉、听觉、触觉等多种感觉通道将当事人与现实世界建立联系,帮助其从强烈的情绪或侵入性的画面中解脱出来,以达到缓解过度情绪反应、稳定身心的目的。

二、操作步骤

(一)建立连接

通过呼唤对方姓名、发出声音或者身体接触(如轻轻地拍打肩膀),引起对方的注意,建立干预者与当事人之间的连接,为后续引导当事人进行深呼吸和环境标记打下基础。如面对受惊吓而失魂落魄的战士,周围战友可通过反复呼叫其姓名将他从惊吓状态中唤醒。

(二)定向能力评估

定向能力指一个人对当下时间、所处地点、所做任务以及自身状态的认识能力。定向能力的评估可以通过询问以下几个问题来进行:"你叫什么名字""在什么地方""现在是几月几号""现在在做什么"。如果对方能够回答这些问题,说明定向能力尚好,可以开展下一步的环境标记;如果定向能力受损,环境标记练习的效果就会不好,可以让对方适度休息,待定向能力恢复后再进行后面的步骤。

(三)环境标记

环境标记是引导当事人调动视觉、听觉、触觉等对周围环境进行标记,并描述所看、所听、所触,从而将注意力由内部转到外部世界。方法是询问当事人当前眼睛看到了什么,耳朵听到了什么,身体上有哪些感觉,每个感觉通道可以描述三四种不同的感觉。这一步可以帮助对方平复强烈的身心反应,将其拉回到现实世界。

(四)状态评估

询问当事人练习后的感觉,评估强烈的情绪反应是否减弱,不舒服的身体感受是否缓解。如果对方状态稳定,能够进行通畅的言语交流,说明着陆技术实施有效,就可以进行下一步的干预。

这四个操作步骤如图3-1。

① 建立连接 → ② 定向能力评估 → ③ 环境标记 → ④ 状态评估

图3-1 着陆技术流程图

三、技术示范

案例情景:某部任务小组执行任务时发生爆炸并导致现场人员伤亡。小组成员小张目睹了战友的死亡,出现了非常强烈的惊慌、害怕、紧张等身心应激反应,在其他战友的帮助下向心理医生求助。心理医生在处理小张的问题时,很好地运用了着陆技术。

战士小张:医生,医生,我好害怕啊,全是血,到处都是血……我好怕啊!太惨了!为什么会发生这种事情啊?(语气急促,表情中有惶恐、愤怒、自责、伤心……)

心理医生：张明，张明（呼唤姓名并轻拍肩膀），我是王医生，听得到我的声音吗？

战士小张：（缓缓抬头看医生，表情悲伤，点点头）

心理医生：现在跟着我慢慢地、深深地吸气……呼气……（语速要慢，适度停顿，可反复带领做3—5次；直到观察到呼吸比较平缓后）现在告诉我你叫什么名字，你现在正在哪里。（询问名字、地点，评估定向能力）

战士小张：我……我叫张明，现在……在（抬头看了看）……医院。

心理医生：是的，张明你现在正在医院，你现在正和医生在一起。请你仔细看看周围，告诉我你看到了些什么。（视觉描述）

战士小张：（缓缓抬起头来）医生，我看到了……周围的墙，蓝色的墙，……开着的窗户，……窗户外，绿色的植物……

心理医生：很好，是的，你看到了墙、窗户，还有窗外绿色植物。现在请你继续深而慢地呼吸，静下心来听听看，你听到了一些什么样的声音呢？（听觉描述）

战士小张：（深而慢地呼吸）医生，我好像听到外面有鸟儿的叫声，有你的声音……还有……我听到自己呼吸的声音，心跳的声音……

心理医生：嗯……是的，你听到了鸟儿的叫声、我和你正在说话的声音，还有你自己呼吸和心跳的声音。（观察到小张说话的语速、紧张害怕的表情在进一步恢复）非常好！现在，请说说你此刻的身体感觉。（触觉描述）

战士小张：我感到身体还有些发紧……坐在这里，手放在扶手上，有一些温暖的感觉……

心理医生：嗯，手上有温暖的感觉，非常好。你可以试试用力去握一下扶手，去感受一下你的这种力量感……现在感觉好些了吗？（评估当前状态）

战士小张：（用力抓握了一下扶手）……好多了，没有刚才那么难受了。

心理医生：好的。如果你准备好了，下面我可以问你几个问题吗？

战士小张：可以……。

……

以上案例清晰地展示了着陆技术的完整流程。心理医生通过呼唤战士的姓名、轻拍其肩膀与他建立连接;通过询问战士所处的地点、身体状态,评估战士的定向能力;通过引导战士描述当下所看、所听、所触,将战士的注意力从内心的惶恐、悲伤、自责转向安全的外部世界;最后,通过询问战士的当前感受,评估当事人的身心状态。通过以上步骤,达到缓解战士的负性情绪,稳定身心的目的。

四、注意事项

(一)不去描述负性感受

使用着陆技术时,尽量不让当事人去描述一些负性的感受,这是为了帮助当事人与负性感受保持一定的距离,使其感受到生理和心理上的安全。如果当事人提到有关负面的感受时,提示他描述一些中性的感受。比如对方说"我感觉很伤心",可以告诉对方"你可以告诉我一些没有让你不舒服的感觉吗?比如此时你坐在这里身体与椅子接触的感觉"。

(二)提示对方只客观描述不进行主观评判

如只是简单地描述"我看到了蓝色的墙壁",而不是说"我看到了蓝色的墙壁,我不喜欢蓝色,它让我感到心情沮丧"。

(三)引导当事人关注当前,而不是过去或者未来

描述此时此刻看到、听到或者感觉到的,而不是回忆过去看到、听到或者感觉到的。

(四)着陆技术可用于应对日常生活中的负性感受

该技术可帮助我们与日常生活中的一些负性感受保持一种安全距离。比如当感觉焦虑的时候,就可以提示自己进行环境标记,把自己从负面的情绪中抽离出来。

第四节

安全岛技术

安全是人类最基本、首要的需求。危急突发情况往往导致个体感到"不可控制"、失去对安全的体验与掌控。安全岛，顾名思义，就是一个让人感到安全的地方。安全岛技术是一种尝试让来访者逐渐拥有掌控感的方法，也是常用的稳定化技术之一。

一、技术原理

安全岛技术是利用其意象，帮助个体在情绪行为失控的情况下让自己身心安顿下来的一种心理稳定化技术。采用"安全岛"作为一个想象的媒介，就是帮助个体找到一个让自己感觉最安全、最舒适的地方，这个地方可以在内心深处，也可以是曾经到过的地方，甚至可以是任何一个能想象的地方。

采用安全岛技术，可有效帮助来访者逐渐恢复对周围环境、个人生活的适度把握和掌控感，重新开启危机事件后的生活。该技术在汶川地震、新型冠状病毒感染疫情期间被广泛地运用于一线救援者和幸存者，在缓解焦虑、惊慌、恐惧等情绪，增加内心的安全感方面，发挥了重要作用，起到了很好的疗愈效果[18]。

二、操作步骤

安全岛技术包括六个主要步骤：放松训练、寻找安全岛、构建舒适的周围环境、体会感受、设计到达安全岛的动作或姿势、回到现实，参见图3-2。

通常在实施安全岛技术前，需要向当事人说明以下几点：(1)安全岛是一个内心虚拟的、绝对安全的地方，是个体运用想象力寻找到的一个使自己感到绝对舒适和惬意的地方，它存在于想象中，并非现实世界里真实存在的地方。(2)安全岛完全由自己构建，只有自己一个人可以进入。如果担心产生强烈的孤独感，可以找一些有用的、友好的、美好的事物陪着你。

图3-2 安全岛技术流程

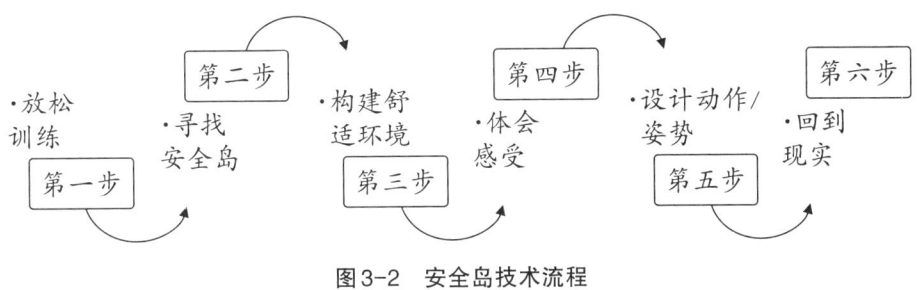

安全岛技术的具体步骤如下。

第一步:放松训练。

进行一般准备后,放松训练可参考第三章第二节内容进行。

第二步:寻找安全岛。

运用想象,在内心世界里找到一个安全地方,在这里,你能够感受到绝对的安全和舒适。

第三步:构建并完善安全岛。

当来到这个安全地方后,请环顾左右,看看是否真的感到非常舒服、非常安全,可以让自己完全放松。请把你的安全岛规划成舒适、安全、惬意的样子。请仔细观察,在这里还需要些什么,能让你感到更加安全和舒适,看看哪些地方还需要做一些调整?

第四步:锚定安全岛。

安全岛准备好了以后,请你仔细体会,你的身体在这样一个安全的地方,都有哪些感受?你看见了什么?你听见了什么?你闻到了什么?你的皮肤感觉到了什么?你的肌肉有什么感觉?呼吸怎么样?腹部感觉怎么样?

第五步:设计到达安全岛的提示动作或提示词。

如果在安全岛上感觉到绝对的安全,请设计一个姿势或动作。以后,只要你一摆出这个姿势或者一做这个动作,它就能帮你在你的想象中迅速地回到你的安全岛来,并且感觉到舒适,比如,你可以握拳,或者把手摊开。你也可以给安全岛取个名字。试试想着这个名字,感受一下待在这里的各种感觉。

第六步:回到现实。

带着全然的觉察,回到现实生活里来。

三、技术示范

案例情景:某部任务小组执行任务时发生爆炸并导致伤亡,小组成员小张目睹了战友的死亡,出现心慌紧张、害怕恐惧、情绪低落,脑海中不断闪回爆炸伤亡的画面,感到非常困扰,向心理医生寻求帮助。心理医生使用安全岛技术,引导战士小张通过想象找到一个内在的安全岛,使身体和心灵恢复到安全、平静和稳定的状态。

第一步:放松训练。

小张,如果你愿意,现在你可以放松地坐在椅子上。放松自己的身体,闭上眼睛,做几次深呼吸。吸气、呼气、吸气、呼气,仔细地体会身体和椅子接触的感觉,把注意力集中在鼻尖上,感受一下,吸入的气流是清凉的,呼出的气流是温暖的。随着呼吸,感受着自己的身体一起一伏,如同大海的波涛。(放松训练可参考第三章第二节的深呼吸放松或渐进式肌肉放松,这里以深呼吸放松为例。)

第二步:寻找安全岛。

如果你愿意,请你用自己神奇的想象力,在内心世界里找一找、看一看,有没有这样一个非常舒适、安全的地方。

它就在你的想象世界里——也许就在你的附近,也可能离你很远,无论它在这个世界或者这个宇宙的什么地方……这个地方只有你一个人能够造访,也可以随时离开……,你可以给这个地方设置一个你所选择的界限,让你能够单独决定哪些有用的东西允许被带进来,可以选择带上一些友好的、可爱的、能够给你提供帮助的东西陪伴你……在这里,你能够感受到非常安全和舒适。

如果你还想不出来,不着急,慢慢来……

也许有时候,你会看到一个画面,或者感觉到一个美好的感受,或者出现了这么一个地方。就让它出现,无论出现的是什么,都可以是它。

如果你在寻找安全岛的过程中,出现了一些不舒服的画面或者感受,不必太在意这些,而是告诉自己,现在我们只需要想象绝对安全的、美好的、舒适的、惬意的地方。以后我们会有时间再来处理这些不舒服的感受。可以肯定的是,有这样一个能够给你带来安全感受的地方,你只需要花一点时间,花一点耐心来慢慢地寻找。

第三步:构建并完善安全岛。

当你找到了这样一个美好的、安全的、惬意的地方,慢慢地请你环顾一下四周,看看是否真的感到非常舒适、安全,可以让自己完全地放松。在这里,你应该感到完全放松、非常安全、非常惬意。

你的眼睛所看见的事物,都能够让你感到舒适吗?如果是,就留下;如果不是,就调整一下,直到你的眼睛看到的都让你非常舒适。

你听到的,是否让你感到舒适呢?如果是,就留下来;如果不是,就调整一下,直到你听到的所有声音都让自己感到非常舒适。

周围的气温是否适宜?如果是,那就这样;如果不是,就调整一下气温,直到你感到真的很舒适。

你能闻到什么味道吗?是否是美妙的味道?如果是,就保留下来;如果不是,就调整一下,直到你闻到的味道非常美妙、香甜。

如果你在这个只属于你自己的地方,还不能感到非常安全、惬意的话,那你可以调整一下。仔细地观察一下,还缺少什么,直到自己感受到能给你带来帮助的更多的安全和舒适感。

第四步:锚定安全岛。

当你用神奇的想象力,创造出自己的安全岛以后。仔细地感受一下,自己的身体感到了什么?听到了什么?看到了什么?闻到了什么?

感觉一下自己的呼吸怎么样,感觉一下自己的身体怎么样,请你在自己的安全岛,尽情地感受这种绝对的安全、惬意、美妙。

第五步:设计到达安全岛的提示动作或提示词。

如果你已经感到非常惬意、安全、舒适,就可以设计一个特殊的姿势或者动作。当你以后遇到压力或者感到紧张,就可以摆出这样的姿势或者动作,随时回到你的安全岛。

请你仔细地体会,当你摆出这样的姿势或者动作的时候,你就能够快速地来到这样一个绝对安全、舒适、惬意的安全岛。请你带着这个姿势或者动作,全身心地体会一下,在这个安全岛的感受有多好……

第六步:回到现实。

最后,撤掉你的这个动作,慢慢睁开眼,回到这个房间中来。

四、操作解析

安全岛技术操作完成后,通过与小张交谈来了解他的安全岛的样子和主观体验,以准确评估当事人目前的状态。

心理医生:小张,现在可以收回你的这个动作,慢慢地睁开眼睛,回到这个房间中来。

战士小张:(收回动作,慢慢地睁开眼睛,调整到舒适的坐姿)

心理医生:刚才我们一起进行了安全岛技术的练习,现在想听一听你有什么样的感受和体验。

战士小张:通过安全岛的练习,心情比之前放松了许多。练习前整个身体是紧绷的,心里也非常害怕,感到周围很不安全。在你的带领和鼓励下,慢慢地,我逐渐放松下来,找到了一个让自己感到安全的地方。

心理医生:非常好!你用你的神奇想象力,找到了这么一个让自己感到安全的、放松的地方。你可以向我描述一下你的安全岛的样子吗?

战士小张:我的安全岛位于现实和虚拟的空间,距离我的家乡很近,但是这个地方只有我一个人能够到达。安全岛上面有一望无际的草地,草地上零星地开着野花。空闲的时候,我经常在草地上自由自在地奔跑,或者躺在草地上,仰望着天空和白云。

心理医生:嗯,听起来你的安全岛上有一望无际的草地,草地上开着野花,你经常会在草地上自由地奔跑,或者看天空和白云。那当你环顾四周时,你还看到了什么呢?

战士小张:我还看到了我住的地方是一个漂亮的蒙古包,走进蒙古包,可以看到书房和卧室,里面环境整洁。

心理医生:那在你的安全岛上,你都听到了什么声音呢?是否感到舒适呢?

战士小张:当引导语问"你听到的,是否让你感到舒适呢?",这时巨大的爆炸声仿佛又一次出现在我身边,接着脑子里就浮现出爆炸伤亡的画面,心中产生了不舒服的感觉。当听到"如果不是,就调整一下",我就进行了自我调整,暂时不去理会这些不舒服的感觉,尽量去寻找安全岛上舒服的声音。然后,我听到音响里放出了美妙的、令人安心的音乐。

心理医生:你做得非常好!当出现了不舒服的感觉,你很快就进行了自我调整,尽量使自己感到安全。你有觉察到安全岛上的气温怎么样吗?

战士小张:安全岛上四季如春,气温适宜。

心理医生:你有闻到什么味道吗?

战士小张:首先,非常吸引我的是蒙古包里的奶香味,好像飘满了整个安全岛。我好像感到有点口渴,想象着大口大口喝奶茶的感觉。然后,又闻到了青草的味道,还闻到了草地上野花的淡淡清香。

心理医生:嗯,你的安全岛听起来非常舒适、自由和美丽。当你环顾安全岛的四周,你看到了草地、野花和蒙古包;你听到了美妙的、令人安心的音乐;你闻到了奶茶香、青草味和淡淡的花香。那随着练习的进行,你的呼吸有产生变化吗?

战士小张:一开始,由于紧张心慌,我的呼吸很急促,通过开头的放松训练,呼吸不是那么急促了。随着练习的进行,我的呼吸逐渐平稳下来。尤其是想象着躺在草地上的时候,当我深深地吸气,身体离开地面,当我慢慢地呼气,身体好像陷入草地里,被大地环抱着,有一种舒适和安全的感觉。

心理医生:嗯,听起来这种感觉非常美妙。在你一呼一吸之间,仿佛你在和大地进行着互动,大地给了你舒适和安全的感觉。最后,我留意到,你设计了一个十指交叉的动作作为你快速到达安全岛的标志动作。这个动作有什么特别的地方吗?可以多讲一讲当你摆出这个动作时,你的体验和感受。

战士小张:十指交叉是非常有力量的一个动作。当摆出这样一个动作,我有一种稳定和被支持的感觉,随后脑海中会浮现我的安全岛的样子,然后身体慢慢地放松下来。

心理医生:刚才你的分享非常好!通过安全岛的练习,你掌握了应对紧张不安、害怕恐惧的方法,你的身心逐渐地放松,内在控制感和安全感也逐渐在恢复。你可以多进行几次练习,强化和完善你的安全岛。需要的时候,可以通过十指交叉的手势让自己回到安全岛,给自己一个安全的空间。

解析:通过安全岛技术的练习,战士小张找到了一个让自己感到非常安全的、可以完全放松的地方。练习过程中可以观察到小张紧绷的身体逐渐放松下来,急促的呼吸逐渐变得平稳,心慌紧张和害怕恐惧也逐渐减轻。

五、注意事项

(1)安全岛上可以有植物,一般不建议有动物。

(2)安全岛技术的练习描述得越详细越好。引导者可以通过多次提问而使画面更加清晰,比如,"你的眼睛所看见的事物,都能够让你感到舒适吗?"

(3)安全岛技术练习前,一定要确认来访者已经进入放松状态,任何的疑惑都会使来访者敏感的神经立刻绷紧。

(4)寻找安全岛和构建安全岛舒适的周围环境需要一点时间,引导者需要耐心。

(5)身心健康的个体,可以在专业人员的带领下进行预防性心理训练,通过练习安全岛技术,构建出属于自己的一个安全岛,以帮助他们在需要的时候能有效调整或缓解焦虑、紧张情绪。

(6)如有相关危急案例需要进行紧急心理帮助,请及时与单位或当地有资质的专家或机构联系,需要在有专业资质的心理治疗师的督导下来进行,切勿擅自盲目使用。

(7)在战场上或紧急任务情境下,任务个体需要在高度警觉与相对安全感之间保持一个适度的平衡,需谨慎使用该技术。同时因为受到时间、地点的诸多限制,未来还需要在实践中更多地去探索适宜的使用条件与具体方法。

第五节 保险箱技术

当个体遭受严重创伤,往往会出现一些难以处理的压力或情绪困扰,可以尝试运用保险箱技术,将创伤事件及其反应暂时"打包封存",以此来实现创伤个体的早期干预。保险箱技术也是严重创伤干预的稳定化技术之一。

一、技术原理

保险箱技术,指的是通过有意识地将创伤事件及其反应与个体进行适度分离,从而使个体至少在较短的时间内,从压抑的念头中解放出来,减少创伤给个体带来的痛苦,帮助个体正常心理功能的恢复。该技术不仅可以用于严重心理创伤的早期处理,还能用于一般压力或情绪困扰的处理[18]。

二、操作步骤

保险箱技术包括五个步骤(参见图3-3),即放松训练、想象并完善保险箱、将压力或情绪困扰装进保险箱、锁上保险箱、安放保险箱。

放松训练 → 想象保险箱 → 将压力或情绪困扰装进保险箱 → 锁上保险箱 → 安放保险箱

图3-3 保险箱技术流程图

第一步:放松训练。

在进行保险箱技术练习前,可以先用几次深而稳的呼吸让个体放松和安静下来。

第二步:想象并完善保险箱。

对保险箱、保险箱的锁以及钥匙的描述越详细越好,包括大小、形状、质地及颜色等。然后,检查保险箱,确定它的安全性和牢固性,可进一步调整改装,确保其安全、牢靠。

第三步:将压力或情绪困扰装进保险箱。

有时我们很容易能够把压力或情绪困扰装进保险箱,有时则会感觉比较困难。这时可以将它们进行"物质化",比如把不舒服的感觉想象成讨厌的小狗或者天上的乌云等等,然后再把它们装进保险箱。

通过第二步尽可能详细地描述保险箱和第三步将压力或情绪困扰物质化,促进个体对压力或情绪困扰的理解,提升个体的控制感,增强内心的安全感。

第四步:锁上保险箱。

保险箱的钥匙最好不要放在治疗室,也不要把它们扔掉或者弄丢了。

第五步:安放保险箱。

保险箱不要放在离你太近的地方,尽可能地远一些,并且在你想看这些东西的时候,可以很快找到这个保险箱。

三、技术示范

案例情景:与本章第四节"安全岛技术"所用案例相同。

第一步:放松训练。

与本章第四节"安全岛技术"的放松训练相同。

第二步:想象保险箱。

(1)请想象在你面前有一个保险箱,或者是某个类似的东西。

(2)现在请你仔细观察这个保险箱。

它有多大? 有多高? 有多宽? 有多厚?

它是用什么材料做的?

外面是什么颜色的? 打开门,里面又是什么颜色的?

这个保险箱分了格,还是没有分格?

仔细观察保险箱:箱门是否容易打开? 关箱门的时候有没有声音? 你会怎么关上它的门?

钥匙是怎么样的?

保险箱的锁是密码锁还是挂锁？又或者是转盘式的？还是同时有多种锁型？

又或者是一种新型的锁具？遥控式的？还是通过电脑操纵呢？又或者可以通过手机操纵？还是可以人脸识别的？

(3)当你看着这个保险箱，并试着把门关上、打开，你觉得它是否绝对牢靠？

如果不是，请试着把它改装到你觉得百分之百牢靠。

然后，你可以再检查一遍，看看你选的材料是否正确，保险箱是否足够结实，锁是否也足够牢靠。

第三步：将压力或情绪困扰装进保险箱。

现在请打开你的保险箱，把所有的给你带来压力的东西，统统装进去，一个也不要少。你理解了吗？把你所有觉得不舒服的感觉、可怕的画面，脑子里、身体上，还有你想象出来的或者你的梦境，这些让你觉得不舒服的东西，统统放进保险箱。

不必费很大力气，你就可以放进去。可以吗？再尝试一下。

(1)把不舒服的感觉（如对死亡的恐惧、内疚、愤怒、不满等），或者身体的不适设置成一个可以想象的外形，比如你讨厌的小狗，或者是天上的一朵乌云，或者是一个正在燃烧的火球，又或者是一根金箍棒，等等。你可以尽量地把它们变小、再小、再小，然后把它们放进一个小盒子或者类似的容器里，再锁进保险箱里。

(2)如果你有一种不舒服的念头，你可以把这种念头写在一张纸条上。比如，你可以用一种别人看不见的神奇墨水，只有用一种特殊的东西才能将它显示出来。你用这种神奇墨水，将看不见的念头写在神奇纸条上，然后把纸条放进一个信封，封好，再将信封放进保险箱里。

(3)如果你的想象与图片有关，这种图片让你心里非常不舒服，必要的时候，你可以把它缩小，用消除颜色的东西把它所有的颜色都抹去，让它变得像发黄的旧照片，一点痕迹都看不见。然后，放进信封里，再放进保险箱里。

(4)如果你的想象像一部电影一样，那你就要把这部电影的录像带缩小，倒回到开始的地方,去掉颜色,还可以把所有磁条都剪碎,然后把它们统统放进保险箱。

(5)如果你还记得那些恐怖的声音,想象一下,把那些声音都录制到磁带上,将音量调低,再低一些,再低一些,一直到听不到为止,倒回到开始的地方,把它们放进保险箱。

(6)如果你的想象和气味有关,你可以把气味都吸进一个瓶子里,用软木塞封好,把它们统统锁进保险箱。

第四步:锁上保险箱。

请锁好保险箱的门。想想看,你想把钥匙或者密码数字,又或者是遥控锁的遥控器,都藏在哪里。最好不要把钥匙或者其他锁具放在治疗室,也不要把它们扔掉或弄丢了。这样你就再也没有寻找这些材料的地方了。

第五步:安放保险箱。

请把保险箱放到你认为合适的地方。这些东西,不要放在离自己太近的地方,尽可能地远一些,并且在你以后想看这些东西的时候,就可以去。所有的地方都是可以的。有时,你会把这个保险箱沉到海底,那是你的保险箱。又或者,你会把它放在某个陌生的星球上,但你会先考虑清楚,保证你可以很快地再次找到这个保险箱。只有你能找到这个保险箱,只有你能够找到特殊的工具,只有你才有这样的魔力,能很快地找到这个保险箱。

注意哦!保险箱不适合放在我们的治疗室中,也不要放在别人能找到的地方。不要放在那个你讨厌的人的家里,也不要放在别人特别容易找到的地方。放在一个非常安全的,只有你自己能去的地方。

好!小张,完成了吗?

如果完成了,请你集中注意力,回到这个房间中来。

四、操作解析

保险箱技术操作完成后,可以通过了解战士小张构建的保险箱的样子,以及他如何处理来自视觉、听觉的让他不舒服的身体和心理感受,以准确评估他目前的状态。

心理医生: 小张,现在你可以睁开眼睛,回到这个房间中来。

战士小张: (慢慢地睁开眼睛,调整到舒适的坐姿)

心理医生: 刚才我们一起进行了保险箱技术的练习,现在想听一听你有什么样的感受和体验。

战士小张: 通过刚才的练习,我感到爆炸伤亡的画面和声音不是那么让人恐惧了,紧张的心情也随着练习有所放松。

心理医生: 非常好! 你是如何做到这些的呢?

战士小张: 我就是跟着你的引导语,把让我感到非常不舒服的爆炸伤亡的画面、声音,还有身体的紧张、胸闷,以及脑子里不断出现的念头,一步一步地都装进保险箱,让它们暂时远离我。

心理医生: 你做得非常好! 你愿意给我描述一下你的保险箱的样子吗?

战士小张: 我的保险箱大概一人高、一米宽,它很重,保险箱的外面和里面都是银灰色的。保险箱的壁大概有5厘米厚,里面分了四格。保险箱的门很容易打开,开关箱门的时候发出的声音很小。保险箱的锁是轮盘的密码锁,另外还需要识别我的指纹。保险箱绝对牢靠和安全。

心理医生: 听起来,你的保险箱非常牢靠和安全。它有一人高、一米宽,是银灰色的,里面分了四格。保险箱的锁是轮盘密码锁,另外还需要你的指纹才能打开。你能告诉我你是如何把那些画面、声音,还有让你紧张、胸闷的感受、念头等装进保险箱的吗?

战士小张: 我把身体的紧张、胸闷、喘不过气想象成胸口压了一块大石头,它让我非常难受。当你的引导语说"你可以尽量地把它变小、再小、再小,然后把它们放进一个小盒子或者类似的容器里"的时候,我就尝试着用魔法把胸口的这块大石头变成手掌大小的石头,然后拿起来放进保险箱的第一格。

除了紧张、胸闷,当时的一些画面总是闪现在我的脑子里,按照你的引导语,我把不断闪现的画面想象成一部电影,这部电影很血腥和令人害怕。神奇的是,当不断闪现的画面变成了黑白电影,它好像变得不是那么令人恐惧了。然后,我想象着把出现在脑海中的画面刻录到空白的影像带上,再把影像带剪碎,把它放进保险箱的第二格。

心理医生:你把紧张和胸闷等不舒服的感受想象成压在胸口的一块大石头,把不断闪现的画面想象成黑白电影。然后,把石头变小,把录制的影像带剪碎,装进保险箱。这样,让你感觉到放松许多。

战士小张:是的。

心理医生:那你是如何处理让你不舒服的爆炸声的呢?

战士小张:最近几天,我的耳朵里经常听到爆炸声,就好像有一个音响在我耳边播放一样。我尝试着把音响的声音调小,这样好像真的有用。当我完全把声音关掉,把音响的电池拿出来,然后把音响锁进保险箱的第三格里,爆炸声好像真的消失了一样。

心理医生:你好像还提到,你的脑海里出现了一些念头,这是怎样的念头?你又是如何处理的呢?

战士小张:对,我脑子里总是在想:"这个意外本不应该发生的,之前的训练我们都做得很好,这次不应该发生这样的事……"然后我还想:"我会不会完了,这次肯定会受到严重的处分,我还年轻,以后的路该怎么走……"一想到这些,我就不知道怎么办了。当我把这些念头以及心里真正的想法用神奇墨水都写在一张纸上,用信封装好,再将信封锁进保险箱的最后一格,而不是沉浸在对过去的懊悔以及对未来的担忧中,心情好像好了一些。

心理医生:你很懊悔当初你和战友们没有再仔细一些,如果足够小心,也许事故就不会发生了。这件事确实会让你担心对你今后发展的影响。可是,你做得非常好!后悔过去和对未来过度的担忧都是无济于事的,只有回到当下,面对现实才有利于事情的解决。

战士小张:是的。

心理医生:你是否把你的保险箱安放在一个比较安全的,如果你随时想看,都可以随时到达的地方呢?

战士小张:是的,我想我已经把保险箱安放到了一个比较安全的,只有我一个人知道的地方。

心理医生：你刚才的分享非常好。通过保险箱技术的练习，你能够处理紧张、胸闷等不舒服的身体感受，能够处理不舒服的画面、声音和念头。如果你再次受到不舒服的画面、声音等感受打扰，可以尝试进行保险箱技术的练习，将它们牢牢锁进保险箱。直到你能够面对这些不舒服的画面、声音、念头和身体感受。

解析：通过保险箱技术的练习，小张可以将他所经历事件中产生的画面、声音以及不舒服的身体感受和情绪反应进行"打包封存"，放在保险箱里。通过将事件中的画面抹去颜色，调小巨大的爆炸声，把不舒服的身体和情绪反应想象成一块巨大的石头，然后将石头用魔法变小、变小，尽可能地小，弱化这些爆炸伤亡事件的线索，小张的情绪逐渐平稳，身体放松下来，心慌紧张和害怕恐惧也逐渐消失。

五、注意事项

（1）在保险箱技术的练习中，保险箱完全由自己设计、钥匙由自己掌管，当事人可以决定是否打开保险箱的门，何时可以重新触及并讨论那些带来负面情绪的事件。

（2）如果很难想象压力或情绪困扰的样子，或者很难把它们装进保险箱，可以将它们进行"物质化"，比如，把不舒服的感觉想象成讨厌的小狗、巨大的乌云等，然后再把它们锁进保险箱。

（3）该技术适用于那些经历了创伤但又没有时间去有效处理的个体，可以用此方法帮助其暂时隔离痛苦；但需要注意的是它并不能彻底有效地解决问题，如果问题比较严重或者复杂，后续还需要寻求专业的心理帮助。

（4）当你所帮助的个体有巨大的创伤体验时，请一定在有资质的专业心理治疗师指导下使用该技术，切忌盲目使用。

（5）保险箱技术也适用于个体面对的一些压力事件或情绪困扰等。如个体无既往或正在经历的临床精神心理问题，只有一些日常压力和烦恼，我们也可以尝试练习此方法，以增强自己对压力事件或问题烦恼的自我应对和处理能力。

第六节

正常化技术

个体遭遇重大事件后会出现躯体、认知、情绪、行为等身心方面的各种应激反应。面对这些反应,人们往往不知所措,甚至还可能会片面化看待、放大自己当前的一些问题。如何帮助当事人正确认识和有效应对这些身心反应呢？正常化技术可以帮助我们来达成这一目的。

一、技术原理

在危急状况下个体出现的生理、心理和行为反应往往具备一定的生存意义。交感神经兴奋,心跳加快、肌肉紧张、瞳孔扩大,可调动身体机能,增强警惕性和行动力来求生；焦虑情绪可以使人未雨绸缪,恐惧能使人快速对危险做出逃生反应；行为警觉性增高、睡眠减少、食欲降低,都是个体调整资源分配,把注意力和身体能量都集中起来以应对当前危机的表现。

所谓正常化,就是向经历危机事件的当事人传达这样的信息,即当前的各种身心反应是正常个体在遭遇非正常事件后都会出现的正常反应。从某种程度上来讲,是人类对周围危险环境的一种适应性反应,大多数时候随着危急状态的消除,这些反应会自然而然减轻乃至消退。因此,心理危机所致反应常常是暂时性的,来得快去得也快,大多数情况下不会造成严重的、长期的心理问题。有关研究发现,经历危机事件后,90%的人会逐渐恢复适应功能,只有10%的人可能出现严重的或持久的慢性应激问题[19]。

二、技术要领

正常化技术通常是在与被干预者建立了良好的关系、其状态稳定后开始实施。

(一)为当事人提供危机相关的心理专业知识

可以结合"压力—应对模型"来讲解危机事件所导致的应急反应对个体的影响[20]。该模型中有两个重要元素,一个是目前面对的压力事件,另一个是个体的应对能力。这两个元素之间的相对关系,通常会决定我们当下的反应程度。

通常有以下三种情况:

第一种情况:当个体应对能力远高于目前面对的压力状况时,人们会感觉毫无压力,得心应手,能轻松解决。

第二种情况:如果应对能力与目前的压力水平相当,个体往往会感觉到有一定的挑战,会产生一定程度的紧张感,但总体可控,并且也会激发出解决问题的动力。

第三种情况:当压力略高于我们的应对能力时,个体往往会感觉到有压力,寝食难安、无力、烦躁、紧张、焦虑等身心反应就会随之出现。

这三种状态我们在日常生活中都会交替经历。只有当压力程度远远高于我们的应对能力时,以上负性的身心反应才会非常强烈,甚至会产生一些淹没性的身心反应。

通过对压力—应对模型的解释,可以很好地帮助危机当事人理解所面对的重大事件,理解自己目前的反应是事出有因的,是大多数人都会遇到的正常现象。讲解过程中,还可结合形象的比喻,如弹簧、橡皮筋、堤坝等来加深当事人对危机事件与自身应对之间关系的理解,正确看待当前自身状态。

(二)为当事人提供更加积极的思考方向

危机事件发生后,人们往往会比较片面,甚至歪曲、夸大地看待事情。如认为周围环境是不安全的、不可控制的;认为自己很糟糕、一无是处等。干预者可以运用正常化技术帮助当事人,为其提供不同的参考框架,使其能更加积极地看待这个问题。

(三)告诉当事人他们的问题是有办法解决的

遭遇危机事件冲击的个体常常会认为自己面临的问题是无法解决的,容易对自己失去信心,失去改变的动力。处理者需要告诉当事人当前状况可能是一种暂时性的困境,不是无法控制的灾难,从而使当事人降低恐惧感,接纳自己的问题。

如危机当事人工作受挫后,感到自己非常失败,从此自暴自弃,无法再次投入新的工作中。这时可告诉当事人,工作中遭遇挫折是职场中非常普遍的现象,一味地沉溺于过去的失败中并不能很好地帮助自己,引导其分析自身特点与优势,扬长避短,寻找到新的解决方法来提升自身能力,重新获得工作。

以下是正常化技术实施时常用的一些语句:

"经历这些事之后,许多人都会有这样的反应。"

"你这样的情况是很普遍的。"

"不同寻常的事件常常会导致一些不同寻常的反应出现。"

⋯⋯⋯⋯

以下这些语句与正常化的原则相悖,注意最好不要使用。

"这还不算太差/别人比你还惨呢。"

"这都是命/这是命中注定的。"

"你需要忘记这些/你要坚强。"

"你清醒一点。"

⋯⋯⋯⋯

三、正常化技术的目的与使用时机

(一)正常化技术的目的

通过正常化技术,可以达成以下目的:

(1)帮助危机当事人正确理解当前自身反应、看待事件发生的原因,从而降低或缓解其恐惧、焦虑等负面情绪。

(2)帮助危机当事人将注意力从对危机反应的过度聚焦中解脱出来,逐渐开始思考如何更好地去应对危机。

(3)帮助危机当事人理解危机的自然发展过程,不因操之过急而产生新的压力。

(4)帮助危机当事人及时处理过度的危机反应,预防慢性应激问题的产生。

因此,正常化技术是部队应急心理救治中非常重要的一环,是帮助被干预者从被动经历危机转换到主动应对危机的一个开关。

(二)正常化技术的使用时机

使用正常化技术的时机通常包括以下三种情况。

第一种:当事人所提的问题是一般人也会遭遇的问题。

第二种:当事人所提的问题属于发展性的问题。

第三种:当事人扩大问题的严重性或情绪过于激动时。

四、注意事项

在进行正常化的干预过程中,要注意以下问题。

(1)对事件后产生的反应进行正常化,而非事件本身,因为事件本身往往是非正常状态下的事件。

(2)应避免简单化使用。简单地说"你这种想法是正常的,人人都会这样",往往会给危机当事人带来没有被理解的感受。

(3)以当事人的参照框架为主,再加入其他可能的看法、解释或观点,而不是直接去驳斥当事人的观点。

(4)运用时尽量要自然、自信,语言表达要通俗易懂,尽可能接近当事人的认知水平,否则当事人会觉得助人者是在低估他们所面临的困境。

五、技术示范

案例情景：与本章第四节"安全岛技术"所用案例相同。心理医生使用正常化技术帮助战士小张客观认识危机事件，降低负性情绪反应。

战士小张：医生，自从上次事件过后，我每天晚上都睡不踏实（失眠），一闭上眼睛就看到战友血淋淋的脸，有时候睡着了，会突然听到爆炸声（闪回），吓得我从床上掉下来，全身冒汗、心跳得特别快（生理反应）。这是不是幻觉啊？医生，有人说有幻觉就是有精神病，我是不是得了精神病了啊？我好害怕，要是得了精神病可怎么办啊？（焦虑、恐慌情绪）

（正常化时机：在充分了解危机事件经过和当事人所产生的具体反应之后）

心理医生：（拍拍战士的肩膀）小张，你先别着急（情感支持）。刚才说自从上次事件之后，你晚上睡不着觉，闭上眼睛就会看到战友受伤的脸，甚至听到爆炸声，因此感到很害怕，还担心自己这些反应是不是得了精神病的表现，是这样吗？

（沟通技术：对当事人表达的内容进行内容反应和情感反应，体现对当事人描述困惑的关注和理解）

战士小张：是的，医生，老是这样子，好几天了，我该怎么办啊？

心理医生：小张你听我说，在经历一些特别有冲击性的灾难或者事故之后，大部分人都会出现你说的这些反应，这是科学家从对灾难和战争的研究中总结出来的结论。你的几位战友，我了解到他们也出现了晚上睡不踏实、做噩梦等这些跟你类似的反应。你刚刚说的听到爆炸声和看到画面，就像电影回放一样，这种现象在心理学上叫"闪回"，是人在经历比较大的心理冲击后出现的一种很常见的反应。

（正常化语句：结合科学权威和对方实际经历进行正常化，深入浅出，更容易理解）

战士小张：哦，原来是这样啊，看来我还不是特殊情况，大家都这样，那应该不是精神病吧（表现得放松了一些）。那我还有救吗？

心理医生:(微笑)其实这些就是人在经历重大事件冲击下的正常反应,只要我们保持积极的心态,这些反应就会自然地慢慢消失,这是一个自然恢复的过程。

(讲解自然恢复过程:了解自然恢复的过程,有利于减少当事人对各种身心反应的焦虑,建立恢复健康的信心)

战士小张:哦,这样啊,那医生,像我们这样的情况要多久才能恢复啊?

心理医生:大多数人在一两个星期后就会有明显的好转,但也存在一定的个体差异,如果一个月后症状都没有明显减轻,就需要咨询心理医生了,但这只是个别的现象。经过这么多天,你觉得自己身上的反应有变化吗?(引导看到自己积极的变化)

战士小张:仔细想想,这两天我好像也没有最开始那么频繁地看到那些画面了,起夜的次数也少些了。

心理医生:你看,看到画面变少了,睡觉慢慢踏实了,这不就是在慢慢恢复吗? 事情是在慢慢变好的,那你预计自己多久能够恢复呢?(积极的暗示)

战士小张:按照目前恢复的情况,两个星期应该就能完全恢复吧。

心理医生:非常好!(正性强化)

(引导关注积极变化:引导关注积极的变化,强化当事人的反应是正常的并且会自然恢复的)

战士小张:医生,我还有一个问题,这到底是为啥呢? 为什么经历灾难后人会变成这样?

心理医生:你看(伸出两只手,左手为掌,掌心向下,右手为拳,拳眼向下),这边(出左手)是我们每个人的应对能力,右边是我们面对的压力,当我们的应对能力比压力值要高的时候,也就是说压力完全在我们的掌控之下时,人会怎样?

(解释应激反应产生的原理,增强对方的掌控感)

战士小张:会觉得很轻松吧。

心理医生:嗯,很对,那如果应对能力与压力水平相当呢?

战士小张:可能会觉得有点紧张吧,但应该还能搞定。

心理医生：是的，那如果压力值超过了我们的应对能力呢，会怎样？你有这样的体验吗？（结合对方的经验去讲述，更容易被接受）

战士小张：有，之前我参加一次考试，完全没有时间准备，就觉得压力很大，考试的前一晚我怎么都睡不着，特别焦虑，老想着考不过怎么办。

心理医生：对啦，其实灾难或者事故就是一个巨大的压力，比考试带来的压力要大得多，而且这个压力值远远高于我们的应对能力，所以人自然而然就会产生一些很强烈的反应。

战士小张：哦，我明白了，医生，就是说碰上的事太大，产生的压力太强烈，必然会出现一些强烈的反应，所以这不是精神病，我会慢慢好起来的，对吗？（表现积极，放松）

（讲述压力—应对模型：理解反应产生的原因，会进一步增强当事人的掌控感，勇敢面对并走出危机）

心理医生：是的，你说得很对，就是这样的。那你现在感觉怎么样呢？

战士小张：我感觉好多了，不那么害怕了，相信自己会很快好起来的，谢谢医生。

心理医生：非常好，接下来我来教你一些可以让自己不那么紧张的方法……

（效果评估：对正常化的效果进行评估，如果当事人已经产生了积极的认识，便转入鼓励有效应对的阶段）

第七节

建立社会支持

危机事件发生后，帮助当事人和其主要支持者或其他资源建立起短期或长期的有效联系，可有助于当事人增强对危机事件的应对能力并尽快复原[21]。

一、社会支持系统

世界上任何人都不是一座孤岛,总会与家人、朋友、社区、单位、组织等不同的人或机构发生千丝万缕的联系。部队官兵同样如此,在遭受危机事件后可建立的社会联系除了以上相关资源之外,还包括所在部队的党组织、领导、战友等。救治者要及时询问或了解当事人的单位信息,帮助当事人联系到这些社会关系。部队人员因为特殊的工作生活状态,其社会支持系统也有一定的特殊性,可按照社会支持系统的优先级分为以下四类。

1. 部队管理机构及成员

部队官兵由于身份和管理等诸多方面的特殊性,危机发生的时候大多数情况下是与战友在一起的。因此,对于军人而言,能短时间获得的、最具支持性的资源通常包括所属部队单位、班排战友、与作战任务相关的领导等。

2. 临时支持人员

如果当事人暂时不能与其部队支持系统取得联系(如与部队失联),要鼓励他们尽可能地利用当时可用的支持资源(如救治人员、其他危机当事人等)。有条件的,可以建立临时党组织以及互助团体,相互支持,共渡难关。

3. 家庭成员

对于大多数危机事件当事人来说最有力量的支持更多的是来自于家人,包括配偶、孩子、父母、亲戚等。如果不能直接接触家人,让当事人与家人取得通信也是有帮助的。

4. 其他人员或组织

好友、邻居、同事、老师或社区人员等也可能是对当事人有帮助的社会资源。

二、提供社会支持的形式

社会支持往往以多种形式出现,因此提供社会支持的方法也是多样的,主要包括:情感支持、稳定社会联系、融入集体、建立被需要感,以及获得人力或物力帮助等。通过这些形式可以让当事人从社会支持中感受温暖,获取力量[10]。

(一)情感支持

通常以拥抱、倾听、理解、爱、接纳等多种形式来传递对当事人的情感支持。救治人员或者重要的他人都可以尝试使用这些方法来提供情感支持。此外,情感支持还包括防止那些破坏亲密关系、阻碍相互支持的行为,如拒绝、发脾气、强迫改变等。

(二)稳定社会联系

在危机情况下,帮助当事人获得相对稳定的支持途径,有利于促进当事人恢复正常的生活状态。也就是说,在当事人需要时,他们可以通过面对面、电话、邮件或网络等多种可用的形式与相应的机构或个人取得可靠的联系从而获得支持。

(三)融入集体

与其他人共同参与做一些事情,使当事人感觉自己是属于一个集体的,可以一起分享经验和感受,对个体恢复稳定感和安全感非常有益。救治人员要鼓励和帮助救治对象融入一个集体,比如党组织、互助团体等。

(四)建立被需要感

让当事人感到自己是被需要的,对其他人而言是重要的、有价值的,这样可以帮助他/她更快地找回掌控感。救治者要鼓励被救治者为单位、组织、家庭、社区等提供力所能及的帮助,当事人所在集体也应该适当安排其参与日常工作,使其重获信心。

(五)获得人力或物力帮助

可以为危机事件当事人提供实际的物资,如粮食、帐篷,并安置休息点;也可以协助他们搭建房屋、寻找亲人等。所谓有钱出钱,有力出力。

三、案例

"失职的"心理救援者

汶川地震初期,一位部队心理救援人员寻求督导的帮助,哭着说:"我什么也没干。我来了一周了,作为一名二级心理咨询师,我特别想用专业帮助人,可我什么都做不了。"督导老师问她这段时间都做了什么,她说,刚来就有一个群众问,"你有手机吗?你可不可以帮我找找我的家人?我的手机被埋在废墟里了"。然后,她就用自己的手机开始帮他找亲人,找来找去就变成了一个专业帮助找人的了,每天都有人请她帮忙找人。

她说:"一个星期了,我什么专业知识都没用上,就是打电话帮着找人。我这个咨询师真没用。"督导说:"你做的所有的事情,百分之百就是你应该做的心理社会干预啊。你看,灾民找到自己家人的线索后是不是就不那么焦虑了?"她说:"是啊!有线索他就能找到自己的家人了。平常心理干预我都要坐下来谈,他现在最着急的就是找人,那么我就帮他找找看了……那我接着找人去了!"

从这个案例中我们可以了解到,首先这个心理救援人员并不失职,因为她所做的工作就是我们危机干预最重要的一项工作——提供社会支持。

案例启示:

(1)很多时候,寻求社会支持是当事人最迫切、最自然的需要。

(2)提供社会支持可以帮助当事人减少焦虑并获得安全感。

(3)救治者要认识到助人的方法有很多,不一定是坐在咨询室为当事人进行一对一的访谈。

第八节

提供实用帮助

协助当事人处理当前或预期的问题是应急心理救援的一项核心工作。在经历了灾害、事故或逆境之后,人们平静的生活一下子被打破,甚至陷入缺衣少食、居无定所的困境中,随时面临着各种迫切的生理上或心理上的需求,提供给他们当下所急需的东西或解决实际问题,可以增强信心和希望,从而恢复他们的尊严[10, 22]。

一、如何提供实用帮助

一般而言,要真正把提供帮助做到实处,通常需要把握以下四点。

(一)确认最紧急的需要

如果当事人已经提出了几个需要或者关心的问题,那么我们有必要去确认目前最紧急的需求是什么。某些需求,如脱离危险情境、处理伤口、吃东西、打电话联络家人等,要尽量立即去满足。

战场归来的战士,往往处于高度疲劳、饥饿、紧张、害怕、睡眠不足的状况,这时候最需要满足的需求通常是给予饮食、休息、放松、安全空间和充足睡眠等。如果是索赔保险或解决家庭成员赡养福利等问题,则可能不属于当前要解决的问题。

(二)澄清证实需要

通过和当事人交谈,进一步把问题具体化。当问题得到理解和澄清,就更容易确定要采取什么样的措施。有时候,由于一些顾虑或者防御心理,人们对需要的诉说可能会模糊不清,这时候澄清和具体化就显得尤为重要。

部队的官兵往往会受到一些传统经验或文化习俗的影响,使得一些军人比较难以表达自己渴望获得关爱、希望寻求帮助的需要。在危机事件后帮助官兵了解和澄清这种需要,并帮助他们获得战友或者领导的适度关爱,可以帮助他们更快恢复。

(三)讨论行动计划

综合考虑现有资源、支持系统、达成条件和办事程序等,帮助当事人分清哪些需要是可以满足的,哪些需要是不合时宜的。对于那些可以满足的需要,和当事人共同讨论接下来可以做什么以满足这些需要,提出可行的建议,并提供重要援助渠道的信息。

在讨论行动计划的过程中,可以跟当事人一起,把提到的现实需要、行动方案、有效信息等记录下来,为后期当事人付诸行动提供指引。记录的时候,如果条件许可最好使用彩色的纸张,因为当个体处于混乱状态下,彩色纸张更容易引起个体的注意而不被忽略。

(四)付诸行动,满足需要

协助当事人采取有效行动。例如,协助当事人完成一次心理咨询的预约,或者协助他写一封家信,或者提供在行动受阻时的备用方案。

这里需要注意的是,救治者应该去尽力帮助当事人解决现实困境,但不是直接去接管甚至完全代替他去解决这些问题。合适的做法是为他们提供有用的信息,帮他们寻找可用的资源,引导其自己去找到适合解决自己当前问题的办法。例如:受灾群众找不到合适的住处,我们可以帮助提供灾区附近有关救助室、避难所的联系电话、具体位置等信息,让他们自己通过这些信息主动去寻找。

二、注意事项

(一)满足基本需要是开展心理干预的重要前提

一些重大的灾难或者事故之后,人的基本需要往往得不到满足,缺吃少喝、衣不蔽体、困在不安全的区域、与家人失去联络等。这些需要的缺失与人的生存安全密切相关,如果得不到迅速有效的满足,会直接危及人的健康甚至生命。在这样的状况下去开展心理干预是很难产生有益效果的,反而可能会引起当事人的反感甚至愤怒。因此提供实用的帮助以满足当事人的基本需要,是开展心理干预的重要前提[23]。

(二)结合当事人现实条件提供适宜有效的帮助

处在危机中的当事人往往会失去主观上的能动性,认为自己无计可施、无路可走。危机干预工作者往往需要针对当事人的具体情况为其提供一些解决方案,或者帮助当事人重新启动行动能力,找回过去拥有的解决问题的能力。因此,要结合来访者可能会使用的行动、举措或可以利用的资源来讨论,方法可能会有很多,但着重讨论其中最有可能实施的那些。

三、案例

粮食的故事

阿富汗的某个山区发生地震后,前去服务的心理专家看到准备支援的救灾物资,就跟指挥部说,"每袋粮食的规格要改一改,50斤装的袋子,请改成25斤装的"。指挥部说:"粮食就是这么运来的,我现在哪有余力去改这个袋子?再说为什么要改呢?"心理专家坚持一定要改,并把道理讲了出来,指挥部一听马上就同意改了。

原来,震后大多数家庭中的劳动力都去参加救灾了,家中剩下的多数是老弱妇孺,如果粮食比较重的话,他们是搬不动的。搬不动带来的不仅仅是"没有吃的"这么简单的问题,还可能让他们非常焦虑:政府的物资就在这里,但我拿不回家,我对家人没有贡献,救不了他们。由此可能会给他们带来"二次伤害",导致其他问题的出现。折成小袋之后,大家都能把粮食拿回家,粮食就成了希望。

案例启示:

(1)帮助当事人解决现实困境本身就具有积极的心理意义,心理救治者的价值不仅仅局限于单纯的心理干预。

(2)提供实用的帮助是进行心理救援的重要环节,要落实到非常具体的事情上去。

（3）提供实用的帮助要求救治者本身是一个心细和有办法的人，能够灵活地调动更多的资源帮助当事人。

注：此案例引自北京大学第六医院马弘教授在一次危机干预培训班上讲述的故事。

第九节

鼓励有效应对

常用应对机制失效是个体产生心理危机的重要原因。帮助当事人找到更多积极有效的应对方式，就是为解决当前的困境积累更多的办法和资源，改变无法应对的局面，找回力量和信心。

一、提供应对方式的基本信息

为当事人提供应对方法的基本信息，主要包括：提供积极应对方式的范本、识别消极应对方式、完成消极应对向积极应对的转变。

（一）提供积极应对方式的范本

积极应对能有效减轻焦虑、压力，改善状况，渡过难关。救治者需要去告知或者引导对方发现哪些应对方式是能够帮助自己的。常用的积极应对方式包括：

（1）积极的躯体应对，包括吃健康的食物、适度的运动、有规律的作息等。

（2）积极的情绪应对，主要包括转移注意力、允许自己表达脆弱（如哭泣）、安抚性的自我对话（如"没事的，一会儿就好了"）、练习简单放松与稳定技术（如呼吸放松、肌肉放松、安全岛技术等）。

(3)积极的行为应对,如参与简单劳动(打扫卫生、做饭等)、从事让自己身心愉悦的活动(唱歌、跳舞、阅读等)、保持人际交往并相互支持、主动寻求帮助等。

(4)积极的认知应对,主要包括正确认识各方信息、保持理性客观、寻找生活目标、思考我们现在能做些什么、保持积极希望。

(二)识别消极应对方式

消极的应对方式包括躯体、情绪、行为以及认知等各个层面。

(1)消极的躯体应对,常见的有不吃不喝、对自己的身体状况漠不关心、伤害自己的身体、过量抽烟喝酒等。

(2)消极的情绪应对,如对无辜的人发脾气、砸东西、自责、任由负面情绪支配自己等。

(3)消极的行为应对,如拒绝与人交流、拒绝他人的帮助、离群索居、沉溺过去等。

(4)消极的认知应对,如总是关注负面消息、对事件过度简单归因、找不到生活的方向、看不到事物的意义、丧失希望等。

(三)完成消极应对向积极应对的转变

(1)帮助当事人觉察到自己身上目前存在的消极应对方式,同时也要帮助当事人认识到这些消极应对方式产生的原因——既往的应对机制失效,且尚未发展出新的应对方式。因此当事人不必因为这些消极的应对方式而过度自责,但是要意识到某些消极的应对方式只能暂时缓解不良情绪,长期来看可能会造成更大的危害。

(2)帮助当事人认识到积极的应对方式对人产生的积极作用,最好是引导当事人尝试去体验一些积极的应对方式,通过获得正性体验来强化这些思维或行为,从而习得积极的应对方式。

(3)和当事人一起去讨论在消除消极应对方式并习得积极应对方式的过程中,可能会遇到哪些阻碍,一起想办法去克服这些阻碍,并在解决问题的过程中,逐渐增强自我掌控感。

二、发掘当事人自身资源

在鼓励有效应对的过程中,救治者要相信每一个人都有他在成长中积累的生存智慧,因此,要积极调动当事人自身的资源,让他发现自己本来就有解决问题的办法,可能比别人告诉他怎么做,更能让他获得自信。

当谈到一些问题或者困扰时,我们可以这样询问:

"面对这些难受的情绪,你有没有采用一些办法来让自己好一点?"

"这么艰难的一段经历,你是怎么让自己挺过来的?"

"你以前碰到过这样的事吗?(如果有)你当时是怎么走出来的?"

"如果一个你特别敬佩的人也面临你的状况,你觉得他会怎么做?"

通过上述问题,当事人可能会说出一些自己处理情绪、解决问题的办法,如果这些办法是积极的、适应性的,救治者要及时予以鼓励和强化,让当事人坚持用这些方法去帮助自己,这往往是最适合当事人的,对他来说效果可能会更加明显。

三、案例

打游戏上瘾的特种兵班长

某特种部队任务小组执行一项抓捕毒贩的任务,战士小张在任务中不幸牺牲,班长小王目睹了小张的死亡。这件事情以后,小王性情大变,从原来的积极向上、勇争第一的状态变成了得过且过、斗志全无的状态。他每天沉迷于手机游戏,连队统一保管手机,他就偷偷买了一台新的,没事就躲在角落玩游戏,晚上也经常熬夜玩游戏。

连长带他来看心理医生。通过沟通,心理医生发现,小王认为自己对小张的死负有很大的责任,作为班长没有保护好自己的兵,不能原谅自己,在闲来无事的时候,脑海里总会出现小张血淋淋的身体,有时又会出现追悼会上小张父母撕心裂肺的痛苦模样,觉得对不起小张,更对不起他的父母。偶然有一天,小王发现打游戏的时候,这些痛苦的画面和感觉就不会出现,于是每天就通过打游戏来让自己不再去想那些画面。

心理医生跟小王仔细讨论他内心的内疚感，让他认识到打游戏只能暂时缓解自己的情绪，长远来看会对自己的生活造成更多麻烦，并建议他采取更加积极的方式去处理自己的内疚感。通过和心理医生讨论，小王想起以前看过的电视剧，决定效仿里面的一个角色，承担起照料小张父母的责任，并利用休假时间去探望他们，为他们做一些力所能及的事。心理医生还建议小王给小张写一封信，把自己想对他说的话都说出来，并在小张的墓前读出来。

几次咨询后，小王逐渐恢复了以往的斗志，并积极投入部队生活与训练之中。

案例启示：

（1）小王通过打游戏的确可以暂时缓解自己的内疚情绪，防止看见一些侵入性的画面，但长期来看却会造成他社会功能的受损。

（2）当小王觉察到自己的内疚感才是自己目前困惑的根源时，就开始思考使用更加积极的方式去应对。

（3）在部队心理医生的引导下，小王找到了可以处理内疚的自身资源，不是去刻意消除内疚，而是给自己的内疚找到一个合理的出口，并将其转化成了利人利己的行为。

注：结合影视作品和真实案例，对以上案例进行了合理改编。

第十节 正性资源植入

正性资源植入技术来自于快速眼动脱敏与再加工（Eye Movement Desensitization and Reprocessing，EMDR）疗法，该疗法由美国心理学家弗朗辛·夏皮罗（Francine Shapiro）创建，可在短期内减轻心理创伤程度及重建希望和信心[7]。

一、技术原理

正性资源植入技术是EMDR治疗中的一个重要环节。EMDR的基本理论假设是，人会遭遇到不幸的事件，但人们也有一种内在的本能去冲淡和平衡不幸事件所带来的冲击，并从中学习使自己获得创伤后的成长。

治疗过程中，干预者伸出2—3个指头来引导患者的目光左右移动，同时进行有关创伤体验或积极体验的回忆以及问答等，通过这种方式，连接大脑的各种功能，促使患者整合加工创伤性记忆及外部激发因素，进而恢复平静，疏通受阻滞的创伤记忆，达到治疗的目的[7]。因为EMDR起效较快，常被用于治疗战斗应激所致的心理创伤。

一个完整的EMDR治疗通常包括八个步骤，即采集一般病史和制订计划、稳定和为加工创伤做准备、采集创伤病史、脱敏和修通、资源植入、身体扫描、结束、反馈与再评估。通过EMDR的程序化治疗，可帮助患者恢复大脑信息加工的平衡，找到适应性解决方案，最终达到自我康复[24]。然而，完整的EMDR治疗体系比较复杂，需要参加系统的专业培训和实操训练才能真正掌握[25]。

二、操作步骤

正性资源植入技术，是EMDR治疗采用的一种积极资源取向技术。它的操作相对简单，且不会触及深层次的创伤体验，因此对于帮助应激个体稳定身心反应、发掘自身资源和注入希望等方面具有很好的作用，可在应急心理救治时帮助当事人处理一些身体、情绪方面的不适体验，并增强应对能力。

正性资源植入技术可以简单划分为五个步骤（参见图3-4）：

第一步：确定最想处理的应激情境，并对困扰程度进行评分。

第二步：采集三种以上积极的资源，并按照其情感能量的大小进行排序。

第三步：使用眼动双侧刺激、强化身体感受、命名等方式，逐个植入积极的资源。

第四步：将植入的资源与应激情境联系，并进行眼动双侧刺激。

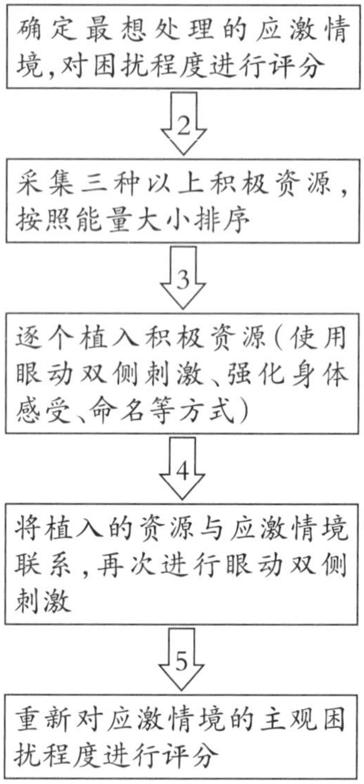

```
┌─────────────────────┐
│ 确定最想处理的应激情  │
│ 境,对困扰程度进行评分 │
└──────────┬──────────┘
           │ 2
┌──────────▼──────────┐
│ 采集三种以上积极资源, │
│ 按照能量大小排序      │
└──────────┬──────────┘
           │ 3
┌──────────▼──────────┐
│ 逐个植入积极资源(使用 │
│ 眼动双侧刺激、强化身体 │
│ 感受、命名等方式)     │
└──────────┬──────────┘
           │ 4
┌──────────▼──────────┐
│ 将植入的资源与应激情境 │
│ 联系,再次进行眼动双侧 │
│ 刺激                 │
└──────────┬──────────┘
           │ 5
┌──────────▼──────────┐
│ 重新对应激情境的主观困 │
│ 扰程度进行评分        │
└─────────────────────┘
```

图3-4 正性资源植入技术操作步骤

第五步:重新对应激情境的主观困扰程度进行评分。

正性资源植入的主要作用是挖掘求助者自己身上的品质、技能和力量等正性资源,使用眼动双侧刺激将正性资源与负性的应激情境建立联系,促进求助者对应激情境再加工,达到降低应激情境的困扰程度,并学会动用自身资源的目的。

三、技术要领与示范

(一)准备工作

1.对求助者进行知识教育

在了解求助者主要困扰的基础上,介绍正性资源植入的一些基本知识,如技术来源、作用原理等,告知对方这一方法可能会对他有所帮助,鼓励对方进行尝试,获得对方同意后方可进行。

2.明确坐姿和距离

治疗师与求助者面对面错开而坐,可在求助者左侧或右侧,而不是正对求助者。对右利手的求助者,治疗师坐在求助者的右侧较好;对于左利手的求助者,治疗师坐在左侧比较好。治疗师还要把手伸出来让求助者感觉距离是否合适,如果不合适,进行适当的调整,直到找到最佳的距离。

3.眼动双侧刺激的演示和体验

咨询师把手放在求助者正前方,进行左右平移,引导求助者眼球的左右运动。平移的高度与求助者的眼睛高度一致,平移的宽度略宽于求助者的肩宽。平移过程中,治疗师的手尽量不要与自己的身体重叠,而是在自己身体右侧的平面内移动(参见图3-5)。

从求助者眼睛的正中间位置开始,先向右再向左(或者先向左再向右),再回到中间为一轮眼动双侧刺激。移动的速度根据具体需要有所不同。进行正性资源植入时要求手指移动的速度相对缓慢一点。同时也要跟求助者一起商量速度是否合适,并根据求助者需要做出适当调整。结束眼动双侧刺激的动作时,手指完成一轮运动后回到中间,顺势向下,然后收回。

图 3-5　EMDR眼动双侧刺激

(二)技术过程

第一步:确定最想处理的应激情境,并对困扰程度进行评分。

(1)当事人想处理哪个事件或应激性情境?找到当事人感觉最糟糕的图像。

(2)当事人评估该事件或情景的主要困扰程度主观评分是多少?以0—10分

来计,0分表示该事件或情景完全不造成困扰,10分表示造成了巨大的、难以承受的困扰。

注意事项:

①将应激情境聚焦到一个画面上进行处理,突出针对性。

②正性资源植入技术不能处理太过强烈的应激情境,因此情境的主观评分最好不超过4分。如果感觉自己无法处理对方的应激,应立即停止并耐心解释。

第二步:采集三种以上积极的资源,并按照其积极情感能量的大小进行排序。

(3)让来访者想象正性的生活经历,比如说可以问来访者"你拥有的什么品质让你觉得自己很棒、很有力量?你在做什么的时候会很有动力、得心应手、很开心?你有的什么东西让你觉得有底气、很踏实……"(请尽可能从不同的行动系统中找出三个不同资源来)

(4)"你想先从哪个积极的资源、技能或优点开始?"(从来访者提到或有最大的情感成分的资源开始)

注意事项:

①选取适当的资源,这些资源在内容或主题上是不矛盾的,并且不会联结到包含负性情感的记忆。

②从积极情感能量最大的开始,进行下一步的植入。

第三步:使用眼动双侧刺激、强化身体感受、命名等方式,逐个植入积极的资源。

(5)"在你的生活中,曾有过一个时刻或情境你曾真正体验过这个_____(资源、技能或优点)吗?"(让来访者描述一个他记得很清晰的情境,而且在那个情景中,他感觉到某些正性情感反应)

(6)"哪一个图像最能代表这个情境呢?"(图像带出的正性情绪感受最为强烈)

(7)"在你身体的什么地方你能感受到这个资源呢?"(寻找与体验相关的身体状态,并让来访者在他的身体上定位)

(8)"现在请留意这个图像,感受你身体里的感觉。你能感受到吗?好……

请随着我的手指动眼。"(做一组6—12轮眼动双侧刺激)

(9)现在你的身体又有什么样的体验?(如果体验增强,就再做一组6—12轮的眼动双侧刺激)

(10)如果你愿意,请找出一个词来代表这个资源,当你说出或者默念这个词的时候就能回到它带给你的积极感受中。

注意事项:

①找到最能代表正性资源的一个图像或者情境,因为图像带出的正性情绪感受最为强烈。

②引导求助者将正性资源引发的积极情绪具体化,描述得越细腻越能强化这些感受,并强化这些感受在躯体上的反应。

③在带着正性资源的积极体验进行眼动双侧刺激后,要询问求助者在这个过程中的具体感受,强化再加工的过程。

④把积极的资源和体验用一个词语来命名,使其成为激活积极体验的线索词。

第四步:将植入的资源与应激情境相联系,并进行眼动双侧刺激。

(11)当所有的资源被植入后:"请与所有这些资源保持联结,你能感觉到吗?"(再做一组眼动双侧刺激)

(12)"请把这种正向的感觉与先前你提到的应激情境或问题联系起来。你做到了吗?"(再做一组眼动双侧刺激)

注意:

①这一步可以让求助者通过说出三个线索词与正向的感觉保持连接。

②将正向感觉与应激情境相联系时,要确认对方是否可以做到,如果觉得有困难,可以进一步这样解释:首先让自己跟前面的那种积极正向的感觉待在一起,同时让应激情境代表的画面进入脑海。

第五步:重新对应激情境的主观困扰程度进行评分。

(13)"再看看你找出的那个应激情境。现在你感觉到的主观困扰程度是多少?从0—10?"

SUD:_____

注意：

①如果评分比刚开始有所降低,表示资源植入产生了效果。

②在完成上述步骤之后,可以让求助者总结一下整个过程中有什么收获和体会。

③如果求助者需要,还可以继续寻找并植入更多的资源。

第十一节

正念运动

一、正念与正念运动

正念,指的是有目的地、有意识地关注觉察当下的一切[26],对当下状态不做任何判断、任何分析、任何反应,只是单纯地去觉察、注意它,也就是说对一切的感受和情绪保持开放的态度。正念运动,则是在传统运动的基础上增加了正念的元素,强调在运动中体会身体当下的感觉,在运动练习中感知自己的身心变化,将注意力保持在此时此刻,在运动中带着如实、接纳、温柔、好奇的态度与自己身体的真实感觉在一起。

正念运动可协调身体众多肌肉和关节,释放压力。在压力情境中开展正念运动,可以帮助部队官兵有效改善负性情绪体验,增加安全感和积极感受,促进心理健康,提高心理品质[27]。

二、技术要领

(一)准备工作

开始正念运动练习时,注意温柔地对待自己的身体,按照自己身体的感觉来决定每个动作的强度、幅度和持续时间。

注意提醒自己,尽我们所能地去觉察,随着一系列的动作觉察躯体感受和感觉,尽我们所能地尊重并探寻身体的极限,如果某个动作超越了身体的极限,那就不要勉强。

在练习的过程中,如果不由自主地走神了,没有办法将注意力每时每刻都放在身体的感觉上和动作上,这都是正常的,只需觉察一下注意力在哪里,然后去邀请它,回到当下,回到我们此时此刻在做的动作上就可以了。

(二)动作要领

首先,自然站立,双脚分开与肩同宽,肩膀放松,双手自然地垂于身体的两侧,打开双膝,挺直腰背,自然地呼吸,体会一下这个如山一般挺拔的站立姿势。

第一步:抬举双臂。

双臂从身体的两侧缓缓抬起,与地面平行,注意力放在抬举双臂的感觉上,慢慢地将双臂抬到头部的两侧,自然地呼吸,感受这个拉伸的动作。继续向上伸展双手,将你的指尖温和地向上推送,双脚稳稳地踩在地上。在你继续保持伸展时,注意你的身体随着呼吸发生的任何感觉或感受的变化。当你感觉可以的时候,再缓缓地放下双臂,回到身体的两侧。在这个过程中,去体会双臂放下以后身体有什么感觉。如果你睁着眼睛,可以试着闭上眼睛去觉察一下,现在身体的肌肉、关节、骨骼、呼吸有什么变化。按照自己的速度,以上动作重复2到3次。

第二步:身体侧弯。

回到站立姿势,双臂自然下垂,双脚与肩同宽,自然呼吸。双手从身体的两侧缓缓地抬起,在头顶相遇,双手掌心相对,现在将身体缓缓地向左侧弯曲,胯部向右,身体呈月牙形,感受一下右侧肌肉拉伸的感觉。慢慢地回到站立姿势,自然呼吸。再向右侧弯曲,胯部向左,体会身体在这个姿势里的变化,保持自然的呼吸,慢慢地回到站立姿势。按照自己的速度,以上动作重复2到3次。

第三步：头部运动。

再次回到站立姿势。让你的头部慢慢贴近胸部，然后回正。头慢慢向后仰，然后眼睛看向上方，将注意力放在头部，感受这时候的身体感觉，慢慢地回正。调整好你的呼吸，然后将头部按照右、后、左、前的顺序顺时针方向转动，可以根据自己的速度做2—3次。接着将头部按照左、后、右、前的顺序逆时针方向转动，也是根据自己的速度做2—3次。在这个过程中，去感受一下身体的变化、呼吸的感觉。

第四步：肩部运动。

依然回到站立姿势，双臂自然垂立。现在将肩膀尽力向上抬起，去接近你的耳朵，体会这个动作。然后，肩膀向后，好像肩胛骨在身体的后面要相互接触一样，再放下肩膀，肩膀向前，好像双手臂要在胸前靠近。根据自己的节奏去做这个转动肩膀的动作，注意力要始终放在转动的肩膀上，你可以配合着呼吸去做，吸气做两个动作，呼气做两个动作，吸气再做两个动作，呼气再做两个动作。你也可以先向一个方向，再向另一个方向去转动。最后还是回到自然站立的姿势。在所有的动作都做完之后，依然保持如山一样稳定站立的姿势，如果可以的话，轻轻地闭上眼睛，去体会做完所有动作之后现在身体的变化，呼吸的感觉。

三、注意事项

(1)为了确保运动时的安全，可以光脚，也可以穿舒适的鞋子，但不建议穿拖鞋。

(2)注意动作的幅度，如果你觉得某个动作超过了身体的极限，那么就不要强求。

(3)动作是否标准并不重要，重要的是你对身体部位的觉察和关注。

(4)以开放的心态接受身体的感觉和感受到的任何变化，即使运动中可能会出现紧张或不舒服的感觉。

(5)正念运动具有非常强的可操作性，可以根据需要在适宜的时间、地点进行练习，记住长期坚持练习才可能对个体有实际帮助。

第四章

部队应急心理救治模块化策略

第一节 心理急救模块

心理急救模块主要借鉴当前国内外通行的心理急救技术而设置。心理急救(psychological first aid, PFA)是一种用于处理灾难、恐怖主义或创伤性事件直接后果的支持性干预措施。

一、心理急救技术简介

心理急救技术由美国国家创伤后应激障碍中心和国家儿童创伤应激网络共同开发。PFA的理论假设是认为所有的人都有与生俱来从痛苦事件中恢复的能力。在危机个体还没有出现严重身心障碍的早期阶段,通过心理救助者的支持和关爱,可有效控制其早期心理反应,促进短期和长期适应功能的恢复。其基本目标是,提供一种稳定的存在,对当事人进行基本需求评估,协助当事人恢复自我效能和控制感[10]。目前,PFA已成为世界卫生组织、红十字会、国际救援组织等机构倡导的紧急情况下精神卫生和社会心理支持指南。

二、心理急救模块核心行动

在中文版心理急救操作指南中[28],PFA有8个方面的核心行动。具体是:(1)接触与参与;(2)保证安全与安适;(3)稳定情绪;(4)收集信息;(5)提供实质性帮助;(6)联结社会支持;(7)提供有关压力与应对的信息;(8)联系协同服务。

结合部队应急心理救治实际,我们把PFA的8个核心行动整合为三大步骤。

(一)接触与观察

1.接触并建立关系

救治者以尊重且富有同情心的方式去与当事人进行接触,以建立有效的协助关系,增进其对协助的接受程度。救治者向当事人介绍自己的姓名、所属机构和角色身份,询问当事人是否愿意谈话,是否需要提供帮助等。

2.确保人身安全

救治者要仔细观察周围环境是否安全,尽可能找到一个安全的地方,可能的话提供饮用水或食物,使当事人在身体上和情感上觉得舒适,以有效降低其痛苦和担忧的程度。

3.了解正在采取的行动,稳定过激情绪

救治者询问危机事件给当事人带来的影响以及他是如何应对的。不强迫当事人讲,让他自己决定讲多少、怎样讲。救治者要保持冷静,帮助当事人镇定并使其感觉到安全。可以询问"你和战友还好吗?""如果可以,告诉我发生了什么"。如果当事人出现高度焦虑、恐惧或情绪崩溃等,可使用着陆技术、放松技术等协助其稳定情绪。

4.评估并筛查高危人群

救治者要通过观察交谈方式、询问应对方式、了解创伤后的常见反应来评估并筛查高危人群。可询问是否有受伤,是否有睡眠、饮食、感觉或想法方面的异常等。

需要重点关注以下人群：受到严重生命威胁的个体，目睹战友牺牲或受伤的个体，出现定向力障碍的个体，表现疯狂或激越状态的个体，惊恐、愤怒、极度易激惹的个体，极度退缩或行为古怪的个体。

(二)收集应对状况与支持资源信息

此环节重点在于收集当事人的应对状况和支持资源方面的信息。

1. 了解基本生理需求是否得到满足

了解食物、睡眠、衣物等是否有充足的保障，帮助他们考虑最迫切的需求和安排优先顺序。提供充足休息与物资补充，是开展部队应急心理救治的重要基础。

2. 了解他们的应对行动

了解当事人目前的应对行动有哪些，可以问："你采取了什么样的方式来处理压力？效果如何？"接着还可询问是否经历过类似事件，曾经怎样处理过类似困难，对他们应对当前情形的能力给予肯定。还可询问怎样能使他们感觉好些，鼓励他们采用积极的、而不是消极的应对策略。

3. 鼓励并帮助寻找当前的支持系统

具体措施包括鼓励当事人与战友联系，持续参与班排中的一些任务等，以帮助他们自助并且重拾对当前境况的掌控感。

(三)提供实际帮助

此环节我们要提升当事人应对危机事件的信心与勇气，和他一起讨论实用、易操作的方法，寻求下一步的最佳应对措施。

给予心理健康教育。简单介绍压力—应对模型，解释说明当前的一些压力或应激反应是正常反应，通常会持续几天或几周，然后会逐渐恢复。

协助制订实用的应对行动计划。鼓励当事人尽可能回到正常的部队生活，按时作息，执行简单任务，限制酒精和药物，教授简单的放松方法，提供健康的应对清单等。

提供信息给当事人，如及时通报战况、任务最新情况与进度等，提供信息时确保消息准确易懂。

协同联系相关机构。如有需马上处理的急性医疗问题或急性心理卫生问题,应尽快联系相关机构及时转诊。

渗透希望。相信未来会更好,对恢复非常重要。询问当事人通常情况下有什么可以帮助他们感觉更好一点,鼓励他们从文化、信仰或家庭中去寻找希望,增强信念和精神支撑,激发其战斗精神,鼓舞士气,积极开展一些有益的活动来提升应对能力。

以上内容逐一完成后,就可以进入结束阶段。何时结束以及如何结束,取决于危机事件的实际情况、救治者的角色和处境以及当事人的需要。以一种积极的态度,在恰当的时机和当事人告别并祝愿他们。如果有人接替救治者的工作,将他们介绍给当事人认识。

三、注意事项

并不是每个遭受危机事件的人都需要或愿意接受心理急救,不要强行帮助那些不愿意接受帮助的人,而应使救治者随时准备好为需要帮助的人提供服务。

心理急救通常是在事件发生当中或事件刚刚发生之后进行。然而,有时也可能是在几天或几周之后,要根据事件持续的时间和严重程度来决定。

实施心理急救的时间要依据当时的条件来灵活调整。如任务紧急、条件有限则需快速实施,可能3—5分钟,时间允许适当延长,通常10—15分钟。

在任何足够安全的地方提供心理急救。部队应急心理救治提倡的是就近原则,即接近危机事件现场或者临时处置点,如救治站、医疗中心、单位营区等。

保密。应遵守国家法律法规,尽可能对当事人涉及隐私方面的内容进行保密。但也需警惕保密例外的情况。有责任对某些状况进行申报的专业人员,要注意避免疏忽一些重要的关键信息。

第二节

心理急救模块案例解析

从疾病到车祸,从地震到疫情,从战争到恐怖主义行为,这些令人猝不及防的天灾人祸,给个体乃至整个社会带来永远的伤痛。灾害会结束,但灾害带来的创伤却不会随着灾害结束而消失。心理急救就是针对处于危机中的个体或群体,运用心理学的相关理论和方法,对其施加及时有效的影响,从而帮助他们重建心理平衡、顺利度过危机并增强其短期和长期的适应能力而进行的一种危机干预形式[10]。

广大官兵肩负着保卫国家和保护人民的重大使命。无论是战场环境,还是日常生活中的抢险救灾,任务兵奔赴在危机的最前线,亲眼看到许多灾害场面,也深受危机事件的影响,出现不同程度的创伤。因此,官兵亟须掌握一定的心理急救技能。在实施救人的同时,也可很好地实现救心的目的。以下我们通过一个非战争心理应急援助案例,讲解心理急救技术的操作步骤和注意事项。

一、案例介绍

汶川地震发生后,某村受灾严重,村民陈先生及妻子被困在坍塌的房屋中,幸得解放军医疗救援队及时救出,无生命危险。由于无法联系上在镇上上学的儿子,陈先生情绪非常激动,焦虑担忧、不停地抽烟,担心儿子发生不测,坚持要去学校找孩子。但余震还在继续发生,去学校的山路危险,可众人无法劝阻。得知解放军心理救援队就在附近,村支书及几个村民终于努力说服陈先生来到救援队帐篷,希望心理医生能够帮助到他。

二、示范演练

(一)接触与观察

在村民的陪同下,陈先生来到了帐篷。心理医生热情相迎,邀请陈先生坐下来,并递上一瓶矿泉水。

心理医生: 您好！陈先生,我是来自解放军心理救援队的医生。能和我说说发生了什么吗?

陈先生: 地震了,我家房子都塌了,所有的东西没有带出来。

心理医生: 你还好吗？有没有受伤？

陈先生: 我还好,没有受伤。

心理医生: 那你的家人怎样？有没有受伤呢？

陈先生: 我老婆也被救出来了,有一点皮外伤。但是我的孩子找不到了,这可怎么办啊？(焦虑、激动情绪升起)

心理医生: 别着急,慢慢说。我们一起来想办法。你说孩子找不到了,他是跟你们生活在一起的吗？

陈先生: 我孩子在镇上读书,地震后一直联系不上他。我老婆都急死了,所有办法都试了,就是联系不上,我也不知道该怎么办了。

心理医生: 房子倒塌了,孩子也联系不上,我能感受到你的担忧和焦急。你能告诉我现在你和家人吃、住是怎么解决的吗？试了哪些方法去找孩子呢？

陈先生: 现在我和老婆暂时住在村大队院里,地震后,村干部把村民们都集中到那儿。我一直给孩子拨电话,怎么都打不通,班主任也联系不上。我着急去学校看看怎么回事,他们都拦着不让我去。

心理医生: 孩子联系不上,你心里着急,我能明白。余震还在一直继续,路上很不安全,村支书他们是担心你才阻拦你的。这些天你自己的状态还好吗？

陈先生: 这两天心里很着急,胸口像堵着一块大石头,睡不着,整夜都没合眼。

心理医生:吃饭怎么样啊?有没有发现自己有哪些不一样的变化?

陈先生:吃饭没胃口,最近几天我妻子发现我抽烟比以前多了很多。

(二)应对状况与资源信息的收集

(1)帮助寻找目前可利用的积极资源。

心理医生:现在看来目前你和爱人吃、住都有了暂时的保障,最大的担忧是联系不上孩子。

陈先生:是的,现在最担心的就是孩子的安全。

心理医生:除了你自己努力在寻找孩子之外,村里是否还有其他家长也在找孩子呢?

陈先生:你这么一说提醒我了,确实村里还有其他人家里也有孩子在镇上上学,他们肯定也在找呢。而且我们村干部也派出去几个人去打探消息和寻求支援了,但目前就是没有孩子的消息。

心理医生:是的,出去寻求支援的村民应该能很快了解到镇上的情况。地震发生时孩子们正准备上课,相信老师们也会在第一时间尽力保护孩子们的,班主任也会想尽办法及时联系到家长。

陈先生:希望尽快联系到孩子。

(2)帮助寻找过去类似的成功经验。

心理医生:一定会的。你回想一下过去有没有遇到过不能及时联系到你家小孩的情况,当时是怎样解决的呢?

陈先生:以前也有过一时半会儿联系不上孩子的情况。我们教过他,如果有紧急事情,可以通过镇上亲戚家来联系到我们。这次或许他也去找镇上亲戚去了。我刚才糊涂了,压根没有想到与我家亲戚联系。

(三)提供实际帮助,讨论下一步最佳措施

心理医生:联系不上孩子,出现焦虑、担忧、情绪激动,都是非常正常的(正常化技术)。当我们有足够的应对能力来解决当前问题时,我们就会感到轻松;反之,我们就会感到难以承受(介绍压力—应对模型)。刚才你讲到有

时候觉得心里堵得慌、睡眠也不好,现在我教你一些放松的方法来更好地帮助自己。

请选择一个舒服的姿势坐好,请注意用鼻子吸气,用嘴巴呼气,深深地吸气,慢慢地呼气。你可以把手放在小腹部,随着呼吸,手也会跟着上下起伏,以此来检验腹式呼吸的正确性。

用鼻子深深地吸一口气,使气息直接到达小腹部,小腹会鼓起,然后憋气一秒钟,再缓缓地用嘴巴吐气,同时想象,所有的烦恼与痛苦都随着每次呼气排出体外。

再来练习几次,深深地吸气,慢慢地呼气,用鼻子吸气,用嘴巴呼气。同时想象,所有的烦恼与痛苦都会随着每次呼气排出体外……

现在感觉怎样呢?

陈先生:嗯,现在感觉好多了,心情平稳了一些。

心理医生:好,那我们一起来讨论,接下来你可以做些什么事情。

陈先生:我想起来村里有个发小,他的小孩也在镇上读书,我一会儿也去联系一下他,看看有没有一些其他办法。而且我们还可以联合起来,配合村支书一起积极想办法。

心理医生:是的,你看现在的你并不是一个人在孤军奋战,还有很多人和你一起并肩作战。可以和你的家人、朋友多沟通交流,相互支持。

陈先生:嗯,我明白了。

心理医生:现在让我们一起来梳理一下如何应对目前的情况。

①多种应对方式:当你焦急、担忧、心里不舒服的时候,在保证安全的情况下,可以在附近走一走,散散心;也可以找发小、亲人聊聊,一起想办法;刚才教会了你呼吸放松的方法,你可以经常练习;当然也可以随时联系我们。

②孩子的问题:一方面耐心等待,镇上老师也会想办法努力联系你们;另一方面与村里其他家长一起积极想办法,避免孤军奋战。

③保持正常生活:尽量保证吃好饭、休息好,照顾好自己,才能更好地照顾妻子和孩子;生活上有困难,可以向村干部、组织和救援队寻求帮助。

④控制抽烟:因为担忧、焦虑导致你近期抽烟增加,可以考虑让妻子替你

暂时保管香烟,让她帮你控制抽烟的量。现在我们把这些写在一张便笺纸上,方便你随时都可以看到。

陈先生:(看着纸上的记录)好的,谢谢医生。

解析:PFA的实施尽管程序化,但在实际运用中可灵活掌握三个环节所涉及的具体内容,并不是所有列出项都要面面俱到;各环节间有时还可依据当事人的具体情况交错进行,目的在于更充分地了解当事人的信息;三个环节的干预时间宜均匀分配,确保流程的完整性。

第三节 危机事件应激晤谈

一、危机事件应激晤谈概述

危机事件当事人共同分享经历是一种克服应激反应的有效方法。危机事件应激晤谈(crisis incident stress debriefing,CISD)是一种包括心理疏泄的结构式应激报告方法,通常以小组方式进行,目的是减轻危机事件对成员的影响,帮助个体在经历危机事件后尽快恢复日常功能[10]。

该方法由杰弗里·米切尔(Jeffery Mitchell)首先提出,并将其使用对象限定在消防人员、警察和医疗急救人员身上,以帮助他们在灾难中重新快速整合感受和思维,以防创伤经历扰乱其心智。通常由1名带领者和1名助手共同带领晤谈小组,国外要求带领者必须至少有心理健康专业的硕士学位,并且接受过危机事件应激晤谈的专业训练,取得认证。

二、危机事件应激晤谈过程

CISD通常分为6个阶段,即介绍阶段、事实阶段、感受阶段、症状阶段、教育阶段与再进入阶段(参见图4-1)。

```
(一)介绍阶段
(二)事实阶段
(三)感受阶段
(四)症状阶段
(五)教育阶段
(六)再进入阶段
```

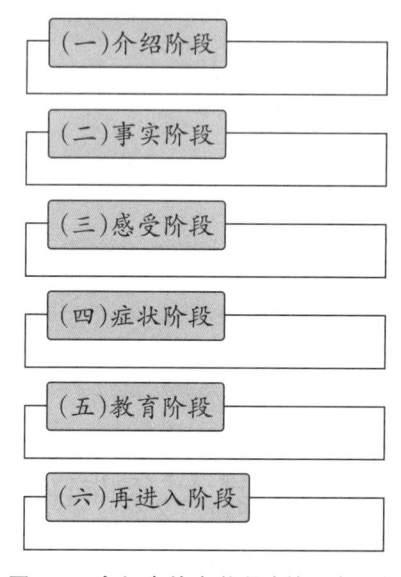

图4-1 危机事件应激晤谈的六个阶段

(一)介绍阶段

主要内容包括以下几点。

(1)自我介绍。介绍带领者姓名、职业、单位等,同时介绍助手。

(2)描述对事件的了解。需要带领者在晤谈之前对事件有大致的了解与掌握。

(3)解释干预的目的。告知团体成员,CISD的目的是减轻应激事件对个体的冲击,防止急性应激障碍和创伤后应激障碍等不良结局的发生。营造一个受保护的安全环境,使创伤个体能互相分享创伤体验并获得帮助。

(4)强调团体保密原则。不记录,不录音,同时要求参加的成员在晤谈结束后也不要传播和讨论。

(5)讲解晤谈规则。对参加人数、晤谈大致所需时间、晤谈的6个阶段进行简单讲解。鼓励并积极引导团队成员自由、开放地表达,同时也告知团队成员在自己不愿表达或感到表达困难时,可以保持沉默,也可以用点头或摇头的方式来表示。团体成员之间要相互尊重,不评价、不指责他人。鼓励成员尽可能坚持在场,如实在无法坚持,带领者需要助手协助单独对该成员进行照护。

(6)强调晤谈不是心理治疗,而是一种减少创伤事件导致应激反应的方法。

这一阶段的目的在于,让成员了解和信任干预者,清楚晤谈的目的、规则和过程,减少阻抗并取得合作;促进团体成员的相互认识、建立良好的晤谈关系。

(二)事实阶段

主要内容包括:

(1)团体成员自我介绍。

(2)成员回顾事件发生时的真实情况,描述事件发生时的所见所闻。比如,看到了什么,听到了什么,闻到了什么,自己参与了什么工作,采取了什么行动等,每人2—5分钟时间,要注意的是,提醒成员此阶段只描述自己及事件本身的一些实际情况,不要强迫叙述细节。

此阶段的目的在于让成员回顾事件发生时的真实情况,逐一描述其在事件中的位置和角色,以便把整个事件呈现出来与团队成员分享。

(三)感受阶段

主要内容包括。

(1)询问有关感受、想法方面的问题,比如询问事件发生时有何感受,此时此刻有哪些感受,以前是否有过类似感受。

(2)询问事件对成员当前有哪些影响,感到最困难的是什么。

本阶段团体成员可能会有很强烈的情绪反应,带领者既要处理好叙述成员的情绪,同时也要注意到可能对自己带来的影响。

识别感受、关注情绪是本阶段的重要环节,旨在了解危机事件后成员的各种可能反应。

(四)症状阶段

主要内容包括:

(1)依照时间顺序回顾并描述心理、生理、认知、行为各方面的变化,比如询问"事情发生以来,你体验到了哪些不同寻常的变化或体验",其中包括人生观、世界观的可能改变。

(2)询问"这些感受或症状对你的社会功能及人际关系有什么影响?对你的家庭、工作、生活造成了怎样的影响?"等。

此阶段的主要目的在于,确定个人的痛苦症状,对任何可能的身体损伤或精神健康问题进行初步检测,识别发现高危人群。

(五)教育阶段

此阶段内容涉及以下几点:

(1)讲解创伤事件后的常见应激反应与反应模式。

(2)强调这些症状与感受是创伤个体在危机事件下的正常反应。

(3)教授一些应对危机反应的基本知识、放松技术,以及讨论积极的适应与应对方法等。

(4)指导个体进行有关症状的自我识别。

(5)指导个体做好日常生活安排,提醒可能的并存问题,如睡眠困扰、烟酒等问题。

此阶段的目的在于,指导个体正确理解和应对当前的反应,提供积极应对方法来处理他们当前及将来可能会出现的一些反应并鼓励团队成员树立信心。

(六)再进入阶段

主要内容包括:

(1)讨论行动计划,明确行动计划细则。

(2)强调小组成员的相互支持,提供有关进一步服务的信息。

(3)评估哪些人需要随访或转介到其他服务机构,对还没有澄清的问题进一步解释,提供保证,总结晤谈过程。比如可以问:"请大家再想一下,有什么事情您还比较担心,打算怎么处理呢?"

此阶段的目的在于,进行资源动员,澄清观点,消除疑虑,提供保证,并对整个干预过程做出总结,结束此次晤谈。

以上是危机事件应激晤谈标准的6个阶段。整个过程根据需要及具体情况可做适当调整,我国应急事件现场实施小组通常将内容合并为4个阶段来完成,即介绍期、事实陈述期、描述感受期和资源动员期。

三、注意事项

一般来讲,CISD通常是在危机事件发生后的24—72小时内使用。也有研究认为在事件发生后的2—10天内进行也可以。发生重大灾难时,由于前期主要是生命救援,CISD通常在灾难发生一周左右开始实施。同时由于救灾工作的需要,这种支持活动还可在灾后重建期进行。

一般要求参加人数控制在10人以内,最多不超过15人。

一个完整的CISD持续时间因具体条件而不同,通常为1—4小时。一般认为最佳持续时间为1.5—3小时,要依据当时的环境条件及任务紧急程度适度灵活调整。同时要注意:情绪不稳定,或者因有亲友去世处于急性悲伤反应状态的个体不建议参加CISD。

第四节

危机事件应激晤谈案例解析

危机事件应激晤谈通过程式化的交谈来减轻遭遇危机事件的小组成员的压力,以帮助成员尽快渡过难关,恢复心理平衡。下面我们通过模拟战场行动危机事件心理干预案例来详细了解应激晤谈的具体操作步骤和注意事项。

一、案例介绍

某部任务小组成员一行8人在一次执行任务过程中发生意外,造成1名战士死亡,2名战士受伤。事故发生后领导高度重视,要求尽快开展心理干预工作。心理医生张某被指派为此次心理干预小组组长,准备采用危机事件应激晤谈(CISD)技术来开展小组工作,以减轻事件对相关人员的负面心理影响。

共7人参与晤谈,包括2名干预者(1名带领者、1名助手)和5名被干预者(经历此次事件的战士),参见表4-1。

表4-1 人员信息

人员	姓名	身份	角色
干预者	张某	心理医生	CISD带领者
	王某	心理医生	CISD助手
被干预者	袁某	侦察2连3排 排长	任务领导者
	高某	侦察2连3排 班长	开路
	吴某	侦察2连3排 B士官	
	齐某	侦察2连3排 D士官	
	洪某	侦察2连3排 E列兵	
受伤住院者	某战士	侦察2连3排 A列兵	
	某战士	侦察2连3排 C列兵	
牺牲者	某士官	侦察2连3排 副班长	

二、示范演练

(一)介绍阶段

尊敬的各位战友,大家好,我是来自××单位的心理医生张×,这位是我的助手心理医生王×。感谢大家抽出宝贵的时间来参加此次活动。组织这次活动的主要原因是我们刚刚经历了一起危机事件,给大家带来了一定的影响。因此我们采用这种集体晤谈的方式,听大家说一说,讲一讲,希望大家能在这个安全环境中交流分享所思所想,为大家提供一些支持与帮助,以顺利度过此次危机。

本次活动一共有7人参加,希望大家遵守以下规则:

①严格对晤谈内容进行保密,不要记录和录音。

②请大家关掉手机或把手机置于静音状态,全过程不要使用手机。

③所有成员要相互尊重,可以自由表达自己的观点,但不能对他人的观点进行评价或攻击他人。

④结束后所有成员,包括我和王医生,都不能传播和讨论此次晤谈中所涉及的任何信息,所有谈话内容都留在这个房间。

⑤最开始可能会有成员感到难以表达或不愿表达,我们会尊重你的意愿,你可以保持沉默,当然也可以用点头或摇头的方式来表示。当你觉得可以的时候,你可以积极参与进来。

⑥还要向大家强调的是,本次晤谈不是心理治疗,只是为大家提供一个沟通的平台,让大家更好地分享、交流自己在事件中的反应和感受。

接下来,我们先请大家逐一做简短的自我介绍,包括姓名,来自哪个单位,职务是什么。

(二)事实阶段(描述事件发生时的所见所闻)

心理医生张某:现在我想邀请大家轮流谈谈在事件发生时,您在现场看到了什么、听到了什么、闻到了什么、采取了什么行动、您的身体反应是什么样的,如果谈论这些让你觉得困难或者给你带来不舒服的感觉,你可以不说或者停下来。

排长袁某:我听到副班长喊道"糟了,触雷了",紧接着大喊"卧倒",并迅速拉着战士E洪某,向后卧倒,之后立即组织组员将3名伤者送回营地抢救。

班长高某:听到副班长喊"触雷了",刚回头就听到巨大的爆炸声,就感觉被一股冲击波推倒在地上,之后持续地耳鸣,什么也听不见,凭着本能爬起来冲过去,就看到副班长血肉模糊,战士A左手受伤,战士C右边脸全是血,然后渐渐听到排长的声音,安排我们进行紧急救治。他立刻给指挥部打电话,并申请军医过来救治。

B士官吴某：听到排长声音后我立即卧倒，之后一抬头就看到不远处A和C身上很多血，一直在痛苦地呻吟，当时，感觉整个人都是木的。能听到排长和班长在安排大家组织救援，自己也在配合救援，但就是感觉好像是在一场梦里一样，很不真实。最近这几天，我闭上眼睛，当时的画面也会像放电影一样呈现出来，感觉有些紧张、不安。

心理医生张某：刚才这位战友提到了事件之后自己发生的一些反应，这部分很重要，我们会在下一个环节专门来讨论，这个环节我们还是集中谈一谈事件发生时自己的所见所闻。那么，接下来请下一位战友谈一谈。

D士官齐某：好的。听到副班长说"触雷了"，我本能地就卧倒了，起来就是感觉大家都一阵忙乱，心里就想着一定要把他们救回来，一定要把他们救回来，然后很多细节都记不起来了。

E列兵洪某：我只记得当时排长拽着我卧倒，其他我全都想不起来。好像那段记忆是有些空白的状态。

心理医生张某：谢谢你们能够勇敢地讲出这些。我知道谈这些事情会让你们很难过，真的很不容易，感谢你们的分享。

注意事项：

(1)带领者通常以倾听为主，不必给予很多的回应。

(2)再次强调可以沉默。个体如果觉察到自己在小组内讲话不舒服，可以保持沉默。

(3)应当打消大家的顾虑，充分表达对团体成员的尊重，不勉强成员必须作答。

(4)提醒成员主题是描述事实，而不是事件所引起的情绪。

(5)每个人谈论的时间控制在2—5分钟。

(三)感受阶段

心理医生张某：现在请大家轮流谈一谈事件发生时或之后你有哪些感受，如情绪、行为和躯体上的感受等，以前有过类似感受吗？这些感受对你当前有哪些影响？现在你感到最困难的是什么？

排长袁某：当时的反应是"糟糕，出事儿了"，脑袋轰的一下整个人都绷紧了，现在感到特别内疚，没有保护好战友的安全，感觉自己失职，不配当领导者。

班长高某：我当时的感受是自责、伤心，觉得人太脆弱了。

B 士官吴某：非常地后怕，感到自己心跳加快，呼吸急促。

D 士官齐某：出事的是我老乡，我就感觉到自己一阵一阵的心痛，想到以后回乡只有我一个人，都不知道如何去面对他的父母。

E 列兵洪某：事情发生得太快，根本来不及反应；感觉自己从来没有经历过这种事情，有些吓傻了的感觉，没有什么特别的感觉，觉得自己有些麻木。

注意事项：

（1）通常从创伤较轻或个性乐观的人开始，依次描述以上问题。

（2）及时给予情绪方面的干预，不批评，倾听为主。

（3）注意情绪控制，不是咨询，不能进行深层的咨询。

（4）注意内疚、自责等感受。

（四）症状阶段

心理医生张某：现在请大家再谈一谈此次事件发生后，你体验到了什么不同寻常的事情？你的生活发生了怎样的改变？对你的家庭、工作、生活造成了怎样的影响？

排长袁某：事情发生后，我一直睡眠不好，天天晚上失眠，脑中总是反复回想起副班长那句惊恐的喊声"糟了，触雷了"。

班长高某：我一直在反复思考，当时为什么没有好好看脚下，如果我好好看了，发现了，就不会出现伤亡，感觉自己不配当班长，保护不好自己的兵。现在经常出现爆炸后那种耳鸣的感觉，睡不着觉。

B 士官吴某：有时候闭上眼睛就看到那个血淋淋的画面，忍不住去想象，如果受伤的是自己会怎么样，心里一阵一阵地后怕，然后就感觉心跳加快，呼吸急促，这时便会阻止自己不要去想，会去洗一把冷水脸。

D 士官齐某：副班长跟我是同乡，我们是一起来的，这么多年一直跟兄弟一样,我没办法接受他走了,每次看到他的床、看到营区那个我们曾经坐在那里吹牛的石凳子我就难受,忍不住总想哭。

E列兵洪某:整个感觉自己脑子好像变迟钝了一些,好多事想不起来,有时候战友跟我说话什么的,他们都说我反应很慢。

注意事项:

(1)不批评,以倾听为主。注意控制,危机干预不是咨询,不能进行深层次的咨询。

(2)避免将个体的反应病理化。

(3)避免使用"障碍""症状"等用语,用"应激反应"。

(4)讨论完后,如有特殊事情可举手补充。

(五)教育阶段

下面我给大家讲解一下危机事件后大部分人都会有的一些常见反应。一般情况下,危机事件后应激反应会在数小时至数周内消失,绝大部分人不会持续超过1个月,但也有个别人可能持续很长时间。

这些常见的应激反应包括:认知上的反应,如感到周围环境模糊,思维涣散,难以集中注意力,或创伤性事件闪回等;生理上的反应,如头晕头痛、疲劳、食欲下降、呼吸困难、心率加快、睡眠问题等;情绪上的反应有紧张、害怕、焦虑、恐惧、愤怒,包括情感麻木、内疚、否认等;行为上往往出现回避、退缩的反应,个别还可能表现为坐立不安、手足无措,或语言功能下降、沟通方式僵化等。

大家需要了解的是,刚才我们所讨论到的反应都是在危机事件发生后的正常反应。我们可以使用刚才教会大家的"深呼吸放松""着陆技术""安全岛技术"等,让自己先放松下来,这样可以很好地转移注意力,这些反应会减轻和消失。但是也有可能会再次出现以上类似反应,我们要学会的就是敢于面对这些反应,如果上述方法有效,你可以持续地使用以上方法,但是如果危机事件对你生活影响较大,或者持续时间较长,这时你可能需要寻求专业的帮助。

（六）再进入阶段

心理医生张某：接下来，我们进入本次晤谈的最后阶段。请大家再想一下：还有什么事情您还比较担心，打算怎么办呢？

排长袁某：现在整个单位气氛很沉闷、压抑，我们可以做些什么来改善这种氛围呢？

心理医生张某：可以开展一些团体心理训练，让大家能够相互支撑；要更加关心、照顾战士的生活，体现组织的温暖等。

E列兵洪某：老师，我这种反应算正常吗？我有时候会想，我是不是冷血动物。

心理医生张某：情感隔离是一种自我保护的方式，防止我们被强烈的情绪淹没，你的这种反应是非常正常的现象。

大家还有其他问题吗？如果没有，接下来，请大家用一句话总结在这次活动中你最大的收获是什么。

……………

注意事项：

如有危机事件涉及人员死亡，可以在晤谈结束时加入对遇难者的寄语或一些表达哀思的仪式活动。

第五节

战斗应激调控

战斗应激反应是指心身正常的军人在战场极端条件下出现的心理生理反应，是军事应激反应中最特殊、最重要、最紧迫、影响最大的一类[8, 29]。因此，了解和掌握战场战斗应激反应的调控方法，减弱战场战斗应激反应对参战人员的不利影响，提高部队的整体战斗效能，是未来打赢现代化战争的前提与保障。

本节主要围绕战斗应激调控的目标、原则、救治模式、实用方法四个方面,对战斗应激调控进行介绍。

一、战斗应激调控的目标

部队战斗应激调控要达成以下三个目标。

(一)将应激调控在可接受范围内,使之达到理想水平

这一目标强调,战斗应激调控的目的不是在于彻底消除战斗应激反应,而是把应激控制在一定范围内,以提升战斗力。因为积极的战斗应激反应会使人警觉性增高、反应迅速、体力充沛、有耐力、对疼痛的耐受性增强等,有利于增强战斗力。只有功能失调的战斗应激反应才会使人意识混乱、注意力不集中、理解命令困难、情绪崩溃、身体颤抖、出现无目的动作等。因此,战斗应激反应的调控是尽可能减少功能失调的战斗应激反应,增加积极的战斗应激反应,为战斗力服务。

(二)当应激变得具有破坏性时,尽可能控制在影响最小的限度

这一目标强调针对功能失调战斗应激反应的干预,可通过社会、医学、心理学等多种手段与方法来尽力减少这些应激反应对官兵生理、心理、行为等方面带来的不利影响。

(三)逐步提高对应激的耐受性,使士兵在遭遇不可避免的强烈应激时能够承受并能继续履行职责

这一目标强调对战斗应激反应发生前的预防,通过心理教育、预防接种训练等,提升官兵的应激耐受性,以积极应对战斗任务中可能产生的战斗应激反应。

二、战斗应激调控的原则

(一)PIES原则

PIES原则具体是指就近(proximity)、及时(immediacy)、期望(expectancy)、简单(simplicity),这一原则是战斗应激调控的核心原则。

(二)协同化原则

该原则主要强调生理、心理、社会等方面的预防和干预必须协同进行。平时主要体现在军事训练、心理训练、政治教育、管理激励等多方面的相互协同,以促使官兵身心素质的全面提升;战时,在对产生战斗应激反应的伤员进行干预时,需要在保障身体安全、提供生理补充(如饮水、进食、充足的睡眠)的基础上,协同开展心理干预和社会支持,以尽快恢复创伤官兵的身心功能和战斗力。

(三)协作和授权原则

该原则强调救治活动双方的关系必须是协作式的,救治者与被救治者之间应该建立一个救治联盟,尤其对于那些自尊感和安全感降低的士兵,要给予适当的决定权,发挥他们自己在拟订救治目标、计划和进度等方面的主动权,帮助他们恢复健全的自我意识。

(四)正常化原则

该原则强调军事应激所致心理创伤背景下的任何想法、情感、行为都是正常的,尽管有时这些情感体验令人痛苦,有些想法和行为看起来很荒诞,但救治者必须建立起"合理即正常"的理念。

三、战斗应激调控的救治模式

部队开展战斗应激反应的调控,首先必须要建立科学的救治模式,以保证高效处理各种战斗应激问题,最大程度增加官兵返岗率。可结合目前的编制体制或者战时的战斗编队,建立心理救治三级体系。

(一)前线救助站

前线救助站以营、连卫生员为主要力量,主要职能是开展前线官兵战斗应激反应的初步分类、一般心理支持、安排休整、稳定身心反应、安排返岗和后送等工作,并进行心理自救互救方法的教育与普及工作。

(二)旅团级卫生连

旅团级卫生连以卫生连心理军医为主要力量,主要职能是对前线救助站后送的应激伤员进行进一步分类评估,组织对应激伤员的专业干预、安排休整、鼓励返岗和安排后送等工作。

(三)后方医院

后方医院以专业精神科或心理科医生为主要力量。主要职能是对卫生连后送的应激伤员进行鉴别诊断,开展系统专业治疗,鼓励返岗和建立对伤员持续照顾的渠道。

四、战斗应激调控的实用方法

下面介绍两种可在部队官兵中广泛推广应用的战斗应激调控实用方法,这两种方法既可融入心理救治三级体系开展,也可由作战部队独立开展。

(一)心理自救互救技术

战场瞬息万变,军人随时可能遇到意料之外的情形,尤其在激烈的战斗一线或者遭遇危机事件时,没有时间,也没有专业人员来及时开展专业的救治,因此参战官兵应当学会一些简单有效的心理干预自救互救方法。在战斗一线开展心理自救互救的一个前提是,目前的形势是安全的,或者至少找到了一个可以暂时缓一口气的藏身之地。

1.心理自救技术

当你感觉自己已产生了一些异常应激反应,且无法获取他人帮助时,可按照以下程序实施自救。

(1)自我觉察。

发现自己出现一些非同寻常的身心反应时,要有意识地去觉察自己是否处于应激状态。如出现浑身颤抖、两腿发软、脑子一片空白、紧张、恐惧、烦躁、感觉环境不真实等,往往提醒自己可能已处于应激反应状态。

(2)安全转移。

当觉察到自己身心状态很不稳定,处于应激状态时,周围也没有人能够及时帮助自己,此时首先要找到一个相对安全的庇护所。

(3)稳定身心。

找到庇护所之后,可以首先做几次深呼吸:深吸一口气之后保持一会,然后再把肺里的气体完全呼出,呼出时可进行自我暗示"放松,放松下来,平静,平静下来",直到感觉心神安定为止。如果感觉到身体紧绷,可以采用渐进式肌肉放松的方法来放松身体,直到感觉身心逐渐稳定为止。

(4)重回现实。

当身心逐渐稳定后,可以使用着陆技术让自己回归现实,依次向自己询问并回答以下问题:"我的眼睛看到了什么?我的耳朵听到了什么?我的身体感觉到了什么?"调动自己的五官,直到自己真切地感觉到周围的环境和找回现实感为止。

接下来还可以继续问自己以下几个问题:"我是谁?我现在在哪里?正在做什么?接下来要做什么?"如果不能很流畅地回答这些问题,可以让自己再进行放松和着陆,直到能够很冷静、流畅地回答上述问题,感觉脑子重新变得清楚,能够很好地觉察周围环境。

(5)尝试行动。

当感觉到明显的现实感之后,要试着动一动自己的身体,看是否能够很好地控制自己的身体。如果可以,再做一点复杂的任务,比如试一试能否流畅地验枪、瞄准等。如果上述活动都能很好地进行,说明已经把自己从应激状态中稳定了下来。

(6)返回战场。

完成上述5个步骤,感觉自己已经做好准备,便可返回战场或者自己的岗位。如果做完5个步骤感觉自己并未准备好,可考虑寻求战友的帮助或者在保证自己持续安全的情况下等待救援。

2.心理互救技术

在身边战友遭遇巨大心理冲击而出现应激反应时,可按照以下程序实施互救。

(1)建立联系。

通过轻拍肩背、呼唤姓名等方式,建立与战友的联系,有条件的话给予水、衣物、食物等。建立联系的重点在于:要确保对方对帮助者的行为有所回应,这种回应包括:在被轻拍时看向帮助者、在被呼唤姓名时给以回答、递给水和食物时会主动接住等。如果毫无反应,提示对方目前可能处于功能暂时受损的状态。

(2)提供支持。

在建立联系之后,可以提供一些心理上的支持,告诉对方目前的状况是安全的,混乱的状况已经过去了,有人在旁边帮助他等。询问对方现在感觉怎样,需要什么帮助,还可辅助进行一些躯体上的接触、拍打,给予安慰和支持。

(3)快速评估。

通过询问对方姓名、身处何地、目前的时间、和谁在一起、自己的单位番号和指挥官姓名等问题考察对方定向力是否完好,以评估对方的认知功能是否受损。如果受损严重,则应该考虑安排适当休息或转交给专业人员进行干预。如果发现对方出现一些过激的或者无意识的危险行为,应该立即卸下对方的武器装备,防止伤人或者自伤。

(4)简单干预。

如果对方认知功能受损较轻,可以通过使用着陆技术、放松技术等,帮助对方稳定身心。在战场危急情况下,着陆技术和放松技术可做一些适当的简化,如让对方说出眼前看到的几样事物,或者直接示范并带领对方进行几组深呼吸,以快速让对方恢复现实感和减轻身心紧张感为目标。

随后可以和对方确定事件,共同讨论刚才发生了什么、正在发生什么、将要发生什么,这一探讨过程的目标在于鼓励对方恢复战斗意志。

(5)下达任务。

在保证对方功能恢复的基础上,告诉对方接下来我们的任务是什么,带领对方立即采取行动。如果对方仍然有迟疑或者轻微紧张,可以引导对方从最简单的任务开始,如站起来做一些体能训练的准备活动等。

(二)行动后事件报告(after-action debriefing)

行动后事件报告指的是在部队经历艰苦军事行动或创伤性事件后,由直接指挥官和专业人员组织开展的一种方法。要求在安全和信任的氛围里回顾事件经过,战友彼此分享和重建各自的感受、情绪和想法,给予安慰与支持。

在每次重大训练或战斗后,应该组织小型的行动后事件报告。行动后事件报告是对训练或战斗后例行回顾的一种扩展。通过重建已发生了的事件经过来总结经验教训,同时也是一种释放压抑的情感和内心冲突的心理技术。在事件经历过程中压抑的情感和内心冲突能导致凝聚力的降低、战斗疲劳,甚至出现创伤后应激障碍。

这种技术可以让战士看到其他战友是怎样看待所经历的事件,能使战士的愤怒和不信任感得以消除,并且可以公开表达、坦诚地处理这些感受。如战士可以将战友在战斗中受伤或死亡时产生的丧失感和悲伤释放出来,这样不仅可以疏泄战士的紧张不安情绪,也有助于他人了解整个事件,认识、宽恕或弥补所犯的错误。这一方法与危机事件应激晤谈(CISD)类似,但更加强调团队凝聚力的增强和战斗意志的激发,其要点如下。

1.选择一个相对安全的地方

确保选择的地方比较舒适、足够明亮,以使彼此可以看得清楚(看得到每个人的表情)。当形势允许并且经历的事件在他们头脑中仍然很鲜活时,把团队组织在一起,只包括那些参与行动的人员,但那些团队信任的人员(如医疗人员)可以作为例外。

2.制定报告规则

强调行动后事件报告的目的不是找茬,是为了团队成员共享经验,增强团队力量。允许各级别人员自由、公开和坦诚地表达他们的观点,而不用担心遭到其他人员的嘲笑和打击。言语的谩骂或打架是绝对不允许的。

确保所有人员都知道并保证:对于事件中所涉及的、所说的、所表达的情感和做出的反应将不会透露给团体之外的任何一个人。声明在行动后事件报告中所确认的教训和体制问题将与其他团队或上级部门共享,但在提供的材料中不指明团队、连队或个人的信息。确保每个人都知道,对于事件中所涉及的潜在的非法行为和不良应激行为,团队其他成员有义务选择正确的应对方式。不管怎样,当事人的个人权利应该得到保护。

3.根据每个人的记忆重建发生的事件

先从第一个涉及事件或行动的人员开始。报告事实与相关细节,以获得一个清晰的图像。然后根据事件或行动的发展过程依次让涉及的人员加入进来。提供机会给每个人,让他们重述所看到的和所做的,以便形成整体的画面,并为每个人所认可。对于那些保持沉默和不想谈论的人员,应努力让他们消除顾虑,但是不可强迫。

4.分享对事件或行动的想法和反应

如果团队成员不愿意谈个人情感问题,其他人员不要刻意询问或逼迫其谈论。在事实清楚后,分享在行动过程中出现在他们头脑中的想法。然后询问这些想法带来的反应是什么。允许情感自然地流露,无论是通过语言,还是通过声调、面部表情、身体姿势,甚至流泪。这种情绪表达在此时应该被所有人认可和接受,这种开放的态度可以鼓励其他成员释放情感。努力维持这样一种积极的氛围,在这种氛围中,个体在生活中所出现的差错以及情感反应,都可以被自然而可控地接纳。要防止找替罪羊或孤立某些人的行为产生。

5. 如果遭遇的是高度紧张的事件，应鼓励每个人谈论战斗应激所致的生理和心理症状

提醒每个人战斗应激反应是一种正常的反应。确保人员的战斗应激反应随着时间和交流而缓解。

6. 在情感被认识到并释放后，应使焦点回到战斗任务上来

鼓励谈论经历这次事件后的经验教训，以及下次怎样更好地应对。回顾此次行动中做得好的和已完成的积极的事情。

行动后事件报告的前五点与CISD基本一致，不同的是第六点强调焦点要回到战斗任务上来，需要进行以下讨论：对任务进行扩展，谈论这次事件后的经验、教训和对以后任务的启示，回顾此次行动中做得好的和已经完成的积极方面。

行动后事件报告可以帮助团队释放压力、增强凝聚力、鼓励战斗意志，而且可以在过程中评估官兵状态，发现应激反应较重的个体，开展后续的心理救治。因此可以将行动后事件报告变成一项战斗行动后的固定程序，在每次执行战斗任务之后进行。

第五章

部队应急心理救治的伦理与自我关怀

第一节

部队应急心理救治中的伦理

一、伦理与部队应急心理救治

伦理(ethics)是建立在专业价值基础之上,所提供和建议的一套行为标准[30]。通俗地讲,伦理就是在专业工作中应该做什么、不该做什么、在什么情况下怎么做。

在心理咨询与治疗中,伦理是指从事心理工作时所应遵循的规范和指引。伦理守则是行业行为规范的基本要求与行动准则,不但应该高度重视,更要努力去践行[30]。部队应急心理救治也不例外,同样要遵循伦理的准则与要求。

伦理对于每一个部队心理工作者而言,是最基础的行业要求,同时也是一切部队心理工作的基石。伦理对于部队心理工作的重要性,就相当于交通规则对于驾车的意义。交通规则是车辆安全行驶的保证,如果没有人遵守交通规则,那么即使驾车技术再娴熟,也很难避免危险和意外。一个合格的助人工作者,要想走得远走得踏实,伦理规范和专业技能这两个翅膀都要硬。

二、部队应急心理救治中应遵循的伦理原则

部队应急心理救治中应该遵循哪些专业伦理原则呢？2008年汶川地震发生后，一些心理咨询师在没有接受专业培训和组建专业团队的情况下，只身前往一线对灾民进行心理援助。然而他们的努力不但没有帮助到灾民，反而引起了灾民的反感，民间甚至出现了"防火、防盗、防心理咨询师"的调侃。为什么会出现这些问题？这些心理工作者的做法是否符合伦理要求？

(一)伦理总则

2018年修订的《中国心理学会临床与咨询心理学工作伦理守则(第二版)》，提出了一切心理工作的伦理总原则，包括善行、责任、诚信、公正、尊重[31]。

善行：心理工作的目的是使当事人从专业服务中获益，心理工作者应保障当事人的权利，努力使其得到适当的服务并避免伤害。

责任：心理工作者应保持服务的专业水准，认清自己专业的、伦理的及法律的责任，维护专业信誉，并承担相应的社会责任。

诚信：心理工作者应做到诚实守信，在临床实践、研究发表、教学工作及宣传推广中保持真实性。

公正：心理工作者应公平公正地对待自己的专业工作及相关人员，采取谨慎的态度防止自己潜在的偏见、能力局限、技术限制等导致不适当行为。

尊重：心理工作者应尊重每位当事人，尊重其隐私权、保密性和自我决定的权利。

(二)常见议题

这五项总则也为部队应急心理救治工作提供了指导。伦理的议题多种多样，最常见的议题有四个：专业关系、知情同意、隐私权和保密性、专业胜任力。参照伦理的五项总则，我们结合实践工作从以下几个方面来探讨部队应急心理救治的具体伦理要求。

1. 专业关系

首先,建立良好安全的专业关系,是"尊重"和"公正"原则的体现。部队应急心理救治者应该以平等、真诚、公正和关怀的态度对待当事人,在遵守国家及军队相关法律法规和纪律要求的前提下保持价值中立。清华大学樊富珉教授等人在《心理援助热线工作伦理》中提出[32]:"面对当事人的抱怨和不满,救治者只做倾听和情感回应,不能以社会标准来要求和指责当事人。"

其次,要保持工作关系中的界线。救治者不需要提供与救治目的无关的个人信息;援助人员也不应索要当事人的个人信息[31]。《心理援助热线工作伦理》明确提出[32]:"热线服务时间一般在30分钟以内,通常一次性通话后即结束,不应与当事人保持私人联系。"

最后,必要时提供恰当的转介。在救治要求超出个人胜任力的情况下,救治者应该在和督导讨论后,向当事人说明情况并为其提供合适的转介资源。

2. 知情同意

一是救治者应该让当事人了解双方的权利和责任。二是当事人有权利知晓救治者的资历、干预目标和计划,以及干预的好处和局限。三是当事人有权利对干预内容和步骤提出不同意见,救治者应在双方充分沟通,达成一致意见的基础上开展工作[31]。通常救治者事先应与当事人签署知情同意书,但是在心理援助热线中,只需口头知情同意即可。这也是"尊重"和"诚信"原则的体现。

然而在实际救治工作中,心理危机的紧急性和复杂性往往给履行知情同意带来了挑战。例如面对战场上出现急性应激反应的官兵,PIE原则要求就近及时进行心理干预,然而由于紧张的环境和失控的情绪,当事人可能无法理解与配合,甚至出现防御和抵触。在这种情况下,伦理总则中的"善行"原则可以作为参考。如果发现当事人已经失去了自主选择的能力,不能机械地遵循知情同意的常规要求,否则可能导致当事人错过最佳干预时机而受到伤害。因此,应当遵循"善行"原则,及时采取对当事人最有利的合理干预。

3.隐私权和保密性

隐私和保密是"责任"和"尊重"原则的具体要求。应急救治者有责任保护当事人的隐私,在没有经过当事人同意的情况下不应向外泄露其个人资料。应急救治者在救治工作中应依照法律和伦理规范在严格保密的前提下使用和处理个案记录、测验结果、音频和视频等相关信息。在心理援助热线或网络咨询中,救治者应告知当事人远程信息传输过程中保密的局限性,同时也应采取措施来保证信息传递和保存的安全性(比如设置文档密码等)。

保密原则有一定的适用范围,以下几种属于保密例外的情况:一是当事人有伤害自己或者伤害他人的危险。例如目睹战友受伤的士兵出现了自杀意图,部队应急心理救治者要及时将情况反馈给其单位领导并进行心理干预和密切随访。二是当事人患有传染病,可能对他人的健康甚至生命造成威胁。三是法律规定的需要披露的其他情况。四是心理救治工作需要其他资源介入时,例如对在校学员的干预可能需要学校、家庭和社会的共同参与。

4.专业胜任力

专业胜任力反映了"善行"和"责任"的原则。一方面,救治者应接受应急心理救治的专业训练,即使在特殊时期也应接受基本的培训,并且需要了解与危机相关的科学知识。另一方面,救治者应接受督导。这样既可以保证干预的质量,也有利于自身的保护和成长。

回顾前面提到的抗震救灾的例子,当时一些心理咨询师没有接受应急心理救治的专业培训,也没有组建专业团队和接受督导,凭借一腔热情只身就冲到了灾区,他们不明白应急心理救治的特殊性,仍旧按照常规心理咨询工作展开,结果收效甚微。

随着我国心理工作的发展和进步,应急心理救治也越来越规范化。2020年国家卫生健康委员会出台的《新型冠状病毒感染的肺炎疫情紧急心理危机干预指导原则》(2020-1-26)和《疫情防控期间心理援助热线工作规范》(2020-2-7)指出,心理援助人员必须具备相关专业背景,掌握危机干预的基本理论和技能,并且接受专家督导。此外,救治者还应关注自己的身心状态。

只有维持良好的身心状态,才能避免受到替代性创伤,保证干预的顺利进行。

值得注意的是,实际心理救治工作复杂多变,伦理要求也在不断地更新和完善。在实践中可能会遇到前所未有的伦理挑战,这时应当与专业人员进行讨论,参考五项总则并结合实际情况,谨慎选择最恰当的处理方式。同时,在临床实务与科研工作中更要考虑到军人作为弱势群体的现实情况,更好地保护其合法权益。

第二节 部队应急心理救治工作者的自我关怀

部队应急心理救治工作者在开展工作时,随时会暴露在创伤事件或灾难事故现场,整日面对伤亡、绝望或悲伤情绪,时刻需要与当事人高度共情。有的救治者可能会因为急于解决所有的问题,导致压力过大,最终造成自身心理能量的匮乏、疲劳;有的救治者则可能被诱发出自身内心深处的创伤性记忆或情感,造成替代性创伤。因此,每个应急救治者都应该学会执行任务前的自我准备以及任务过程中的自我保护,使自己以良好的状态投入救治工作,并在救治过程中保持稳定和健康[32]。

一、自我准备

部队应急心理救治者的自我准备主要包括以下几个方面。

(一)任务评估

任务评估包括对发生的危机事件的性质、目前的情势以及当事人进行了解。对于一个救治者来说,任务评估可以为方案的制订以及后续工作的开展提供可行性依据。

(二)自我评估

自我评估指的是救治者在投入工作前,对自己的身心健康状况、价值观、家庭状况、胜任能力等进行评估,以确定自己目前的状态能否参与行动,或参与多大程度的行动,或适合哪些方面的工作等。

(三)专业培训

培训应急心理救治者开展工作所必需的具体知识、技能,使其了解危机的阶段、识别危机人群并学习接触危机人群的适当态度。这些都是进行应急心理救治工作的关键要素。如果救治者从未接受过专业的技能训练,缺乏危机干预的实践经验或从事超出自己能力范围的事情,不仅可能给当事人带来伤害,也可能对自己造成间接伤害[32]。

(四)模拟演练

模拟演练能够让救治者在虚拟的情境中理解灾难中当事人的反应和行为,理解"失去、哀伤"的真正含义,以及影响当事人心理反应的因素。这既有助于心理救治工作的推进,也可以帮助救治者做好更加充分的心理准备。

(五)制定预案

为保证心理干预的及时性、安全性和规范性,部队应急心理救治者还须制定应急心理救治预案以保障救治工作能够连续、系统地进行。此外,还需针对需要自救的情境制定应对方案。

(六)文化习俗

部队应急心理救治者在地方开展心理救援工作时,需要对工作区域的文化、民族、信仰、种族和语言差异有一定的了解。这既能防止救治者触犯某些文化禁忌,又能更容易与当地人建立信任关系。而且,在救治过程中,还能利用这些知识,帮助当事人保持和重建自己的习俗、传统、礼仪、家庭结构、性别角色和社会联系等,这有助于当事人重获掌控感。

二、自我保护

(一)认知上的自我保护

1. 对自己保持觉察

部队应急心理救治者要真诚面对自己内心的情绪和各种反应。对身心耗竭的状态保持警惕。针对可能出现的反应,提前准备一些自我关照的措施。

2. 评估自己的胜任力

应时刻检查自己的胜任力状况,保持适度的压力,不必因为"助人使命"而过于忙碌,也不必因为"专业身份"而死顶硬扛。当自己状态不佳时,不参与助人工作,正是一种专业胜任的表现。

3. 接纳助人工作的有限性

不要对助人效果期待太高,应接纳助人工作和助人者的有限性。如果在工作中产生挫败感,应有意识地提醒自己:当我在这里,陪伴对方走过最艰难的一段时间,就是有帮助的。

4. 保持信心

相信事情一定会好起来的,相信总有解决问题的办法,相信总会找到可以提供帮助的组织。部队应急心理救治者可以开展积极的内在对话,如:会好起来的,总会有办法的等。保持信心,对救治者和当事人都会产生积极的影响。

(二)情绪上的自我关怀

1. 及时自我照顾

当救治者出现一些身心反应或者情绪困扰时,应当及时照顾自己,放松自己,尝试用对当事人提供帮助的方法来缓解自己的焦虑,即助人先自助。

2.学会求助他人

如果自己无法排解身心困扰,要及时寻求帮助,可寻找家人以及朋友倾诉排解,也可寻找专业的督导或者同事帮助疏导。

3.允许表达脆弱

应该告诉自己产生负性情绪是正常反应,允许自己表达脆弱,允许自己哭泣,原谅自己会产生逃离的想法。告诉自己脆弱的时候需要的是自我安慰而不是自我责备。

(三)行动上的自我照顾

1.在规范的专业组织内工作

部队应急心理救治是一项专业性强、消耗身心的工作。救治者应该在规范的专业组织内开展工作。一个规范的专业组织通常具有科学合理的工作机制和管理制度,救治者可以从中获得重要的同辈支持、督导支持以及有效的应对措施。这可以防止过度地卷入。

2.保持合理的作息

要合理安排工作,不应总和当事人在一起,一天之中可以有意识地抽空离开工作;无论是否有食欲都应保证定时定量的饮食;注意休息,鼓励自己每天抽空进行冥想、正念或其他身心放松练习,尽量保证充足的睡眠。

3.开展适度的活动

即使在活动受限的情况下,救治者也应创造条件,安排一些可以让自己感觉平静、专注、愉悦或有掌控感的活动,如听音乐、看书、画画,以及心理救治以外的其他工作等。此外,还应适量运动,保持良好的精力水平。

参考文献

[1] Zahava Solomon. Combat stress reaction [J]. *Encyclopedia of stress*, 2007, 1(1): 524-529.

[2] [美]C.H.肯尼迪, E.A.左尔莫. 军事心理学: 临床与作战中的应用[M].贺岭峰, 旭辰, 田彬, 译. 上海: 华东师范大学出版社, 2008.

[3] Bacon, B.L., James, J.S. A historical overview of combat stress control units of the U.S. Army [J]. *Military Medicine,* 2003, 168(9): 689-693.

[4] Cornum, R., Matthews, M. D., Seligman, M. Comprehensive soldier fitness: building resilience in a challenging institutional context [J]. *American Psychologist*, 2011, *66*(1): 4-9.

[5] [美]Richard, K.J., Burl, E.G. 危机干预策略: 第七版[M]. 肖水源, 周亮, 等译. 北京: 中国轻工业出版社, 2018.

[6] 齐建林. 紧急事件应激晤谈(CISD)临床理论与实践指南[M].北京:中国协和医科大学出版社, 2017.

[7] 弗朗辛·夏皮罗. 让往事随风而逝: 找回平静、自信和安全感的心灵创伤疗愈术[M]. 北京:机械工业出版社, 2014.

[8] [美]凯莉·H. 肯尼迪著. 军事心理学: 临床与军事行动中的应用(第二版)[M]. 王京生, 译. 中国轻工业出版社, 2017.

[9] 黄华, 汤竣杰, 冯爽, 等. 特殊环境下军事心理应激及相关因素的研究现状[J]. 中华诊断学电子杂志, 2020, 8(2): 82-85.

[10] 江向东. 心理卫生量表评定手册(增订版)[M]. 北京: 中国心理卫生杂志出版社, 1993.

[11] Rachel, C. Diagnosing the Diagnostic and Statistical Manual of Mental Disorders, Fifth Edition [M]. Washington D. C.: American Psychiatric Association,

2013.

[12] 夏朝云, 王东波. 自杀意念自评量表(SIOSS)的初步制定[J]. 临床精神医学杂志. 2002, 10(2): 100-102.

[13] 王端卫, 张敬悬. 简易应对方式问卷的因子分析[J]. 山东大学学报(医学版), 2014, 52(3): 96-100.

[14] 肖水源, 杨德森. 社会支持对身心健康的影响[J]. 中国心理卫生杂志, 1987, (4): 183-187.

[15] 龚瑞昆, 王绍玉, 顾建华, 等. 灾时应急心理救助技术与方法(4)—放松技术[J]. 城市与减灾, 2003, (6): 23-24.

[16] 宋华淼. 战"疫"心理防护手册[M]. 北京: 清华大学出版社, 2020.

[17] 童永胜, 庞宇, 杨甫德. 911恐怖袭击后的心理危机干预[J]. 中国心理卫生杂志, 2016, 30(10): 775-778.

[18] 周霞, 刘天君, 李丽. 新型冠状病毒肺炎疫情下中医特色心理危机干预模式的构建及应用[J]. 实用心脑肺血管病杂志, 2020, 28(3): 9-13.

[19] 耿爱英. 社会支持在灾后心理危机干预中的作用[J]. 山东大学学报(哲学社会科学版), 2008, (6): 44-49.

[20] 高雯, 董成文, 窦广波, 等. 心理危机干预的任务模型[J]. 中国心理卫生杂志, 2017, 31(1): 89-93.

[21] 冯正直, 夏蕾. 灾害救援人员任务后生理心理干预模式理论建构[J]. 中华灾害救援医学, 2016, 4(2): 62-66.

[22] 张昊, 陈永进, 曾洪耀, 等. 创伤后早期心理干预与眼动疗法[J]. 西华大学学报(哲学社会科学版), 2014, 33(2): 102-106.

[23] Arne Hofmann, 盛晓春. EMDR治疗的初期—基础、诊断与治疗计划(上)[J]. 西华大学学报(哲学社会科学版), 2011, 30(5): 7-14.

[24] 乔恩·卡巴金. 多舛的生命: 正念疗愈帮你抚平压力、疼痛和创伤[M]. 北京: 机械工业出版社, 2018.

[25] John Teasdale, Mark Williams, Zindel Segal. 八周正念之旅—摆脱抑郁与情绪压力[M]. 北京: 中国轻工业出版社, 2017.

[26] 童慧琦, 王素琴, 译. 心理急救: 现场操作指南(第二版)[M]. 太原: 希望出版社, 2006.

[27] 冯正直. 军事心理学[M]. 北京: 人民卫生出版社, 2018.

[28] 维尔福·E.L. 心理咨询与治疗伦理[M]. 侯志瑾, 译. 北京: 世界图书出版公司, 2010.

[29] 中国心理学会临床心理学注册工作委员会伦理修订工作组、标准制定工作组. 中国心理学会临床与咨询心理学工作伦理守则[J]. 心理学报, 2018, 50(11): 1314–1322.

[30] 樊富珉. 心理危机援助热线工作伦理[M]. 北京: 清华大学出版社, 2021.

[31] 国家卫生健康委员会. 疫情防控期间心理援助热线工作规范. 2020.

[32] 许思安, 杨晓峰. 替代性创伤: 危机干预中救援者的自我保护问题[J]. 心理科学进展, 2009, 17(3): 570–573.

附 录

附录1：生活事件量表
(LES)

下面是每个人都有可能遇到的一些日常生活事件，究竟是好事还是坏事，可根据个人情况自行判断。这些事件可能对个人有精神上的影响（体验为紧张、压力、兴奋或苦恼等），影响的轻重程度是各不相同的，影响持续的时间也不一样。请您根据自己的情况，实事求是地回答下列问题，填表不记姓名，完全保密，请在最合适的答案上打钩。

生活事件名称	事件发生时间				性质		精神影响程度				影响持续时间				备注
	未发生	一年前	一年内	长期性	好事	坏事	无影响	轻度	中度	重度	极重	三月内	半年内	一年内	一年以上	
举例：房屋拆迁			√		√			√				√				
家庭有关问题 1.恋爱或订婚																
2.恋爱失败、感情破裂																
3.结婚																
4.自己(爱人)怀孕																
5.自己(爱人)流产																
6.家庭添加新成员																
7.与爱人父母不和																
8.夫妻感情不好																
9.夫妻分居(因不和)																

续表

生活事件名称	事件发生时间				性质		精神影响程度				影响持续时间				备注
	未发生	一年前	一年内	长期性	好事	坏事	无影响	轻度	中度	重度	极重	三月内	半年内	一年内	一年以上	
10.夫妻两地分居(工作需要)																
11.性生活不满意或独身																
12.配偶一方有外遇																
13.夫妻重归于好																
14.超指标生育																
15.本人(爱人)做绝育手术																
16.配偶死亡																
17.离婚																
18.子女升学(就业)失败																
19.子女管教困难																
20.子女长期离家																
21.父母不和																
22.家庭经济困难																
23.负债500元以上																
24.经济情况显著改善																
25.家庭成员重病重伤																
26.家庭成员死亡																
27.本人重病或重伤																
28.住房紧张																
工作学习中的问题 29.待业、无业																
30.开始就业																
31.高考失败																
32.扣发资金或罚款																
33.突出的个人成就																

续表

生活事件名称	事件发生时间				性质		精神影响程度					影响持续时间				备注
	未发生	一年前	一年内	长期性	好事	坏事	无影响	轻度	中度	重度	极重	三月内	半年内	一年内	一年以上	
34.晋升、提级																
35.对现职工作不满意																
36.工作学习中压力大(如成绩不好)																
37.与上级关系紧张																
38.与同事邻居不和																
39.第一次远走他乡异国																
40.生活规律重大变动(饮食睡眠规律改变)																
41.本人退休离休或未安排具体工作																
社交与其他问题 42.好友重病或重伤																
43.好友死亡																
44.被人误会、错怪、诬告、议论																
45.介入民事法律纠纷																
46.被拘留、受审																
47.失窃、财产损失																
48.意外惊吓、发生事故、自然灾害																
如果您还经历过其他的生活事件,请依次填写																
49.																
50.																

正性事件值:	家庭有关问题:
负性事件值:	工作学习中的问题:
总值:	社交与其他问题:

附录2:斯坦福应激反应问卷
(SASRQ)

请您根据自己的情况,实事求是地选择相应选项。

条目	从无打扰	极少烦扰	轻度烦扰	中度烦扰	重度烦扰	极重度烦扰
1.我入睡或维持睡眠困难	0	1	2	3	4	5
2.我感觉坐立不安	0	1	2	3	4	5
3.我有"无时间感的感觉"	0	1	2	3	4	5
4.我反应迟缓	0	1	2	3	4	5
5.我试图回避与事件有关的感受	0	1	2	3	4	5
6.我反复做与应激性事件有关的噩梦	0	1	2	3	4	5
7.如果暴露于使我想起应激性事件某方面的事件,我感到异常心烦	0	1	2	3	4	5
8.对于小事情我也经常出现惊跳反应	0	1	2	3	4	5
9.应激性事件使我完成工作或需要做的事情感到困难	0	1	2	3	4	5
10.我没有通常存在的我是谁的感觉	0	1	2	3	4	5
11.我试图回避使我想起应激性事件的活动	0	1	2	3	4	5
12.我感觉高度警惕或者"紧张兮兮"	0	1	2	3	4	5
13.我感到自己好像是个陌生人	0	1	2	3	4	5
14.我试图回避交谈应激性事件	0	1	2	3	4	5
15.当暴露于与应激性事件有关的提示时,我有身体上的反应	0	1	2	3	4	5
16.我回忆应激性事件的重要内容有困难	0	1	2	3	4	5
17.我试图回避与应激性事件有关的想法	0	1	2	3	4	5
18.我见到的事物与它们的实际情况感觉不同	0	1	2	3	4	5
19.我反复出现此事件的不必要的记忆	0	1	2	3	4	5

续表

条目	从无打扰	极少烦扰	轻度烦扰	中度烦扰	重度烦扰	极重度烦扰
20.我感觉与自己的情感很疏远	0	1	2	3	4	5
21.我急躁易怒或者常发脾气	0	1	2	3	4	5
22. 我回避与使我想起应激性事件的人接触	0	1	2	3	4	5
23.我经常突然心动或感觉好像应激性事件又发生了一样	0	1	2	3	4	5
24.我的大脑一片空白	0	1	2	3	4	5
25.我忘记了事件的大部分过程	0	1	2	3	4	5
26.应激性事件导致我和其他人的关系出现问题	0	1	2	3	4	5
27.我集中注意力困难	0	1	2	3	4	5
28.我感觉和其他人疏远或分离	0	1	2	3	4	5
29.我有感觉事件又重新发生了一次的生动体验	0	1	2	3	4	5
30.我试图远离使我想起事件的地方	0	1	2	3	4	5

附录3:自杀意念自评量表
(SIOSS)

在这张问卷上有26个问题,请你仔细阅读每一条,把意思弄明白,然后根据你自己的实际情况,在每一条后的"是"或"否"里选择一个,打上一个钩。每一条都要回答,问卷无时间限制,但不要拖延太久。

条目	是	否
1.在我的日常生活中,充满了使我感兴趣的事情	1	0
2.我深信生活对我是残酷的	1	0
3.我时常感到悲观失望	1	0
4.我容易哭或想哭	1	0
5.我容易入睡并且一夜睡得很好	1	0
6.有时我也讲假话	1	0
7.生活在这个丰富多彩的时代里是多么美好	1	0
8.我确实缺少自信心	1	0
9.我有时发脾气	1	0
10.我总觉得人生是有价值的	1	0
11.大部分时间,我觉得我还是死了的好	1	0
12.我睡得不安,很容易被吵醒	1	0
13.有时我也会说人家的闲话	1	0
14.有时我觉得我真是毫无用处	1	0
15.偶尔我听了下流的笑话也会发笑	1	0
16.我的前途似乎没有希望	1	0
17.我想结束自己的生命	1	0
18.我醒得太早	1	0

续表

条目	是	否
19.我觉得我的生活是失败的	1	0
20.我总是将事情看得严重些	1	0
21.我对将来抱有希望	1	0
22.我曾经自杀过	1	0
23.有时我觉得我就要垮了	1	0
24.有些时期我因忧虑而失眠	1	0
25.我曾损坏或遗失过别人的东西	1	0
26.有时我想一死了之,但又矛盾重重	1	0

附录4:简易应对方式问卷
(SCSQ)

以下列出的是当你在生活中经受到挫折打击,或遇到困难时可能采取的态度和做法。请你仔细阅读每一项,然后在右边选择作答,"不采取"为0,"偶尔采取"为1,"有时采取"为2,经常采取为3,请在最适合你本人情况的数字上打钩。

遇到挫折打击时可能采取的态度和方法	不采取	偶尔采取	有时采取	经常采取
1. 通过工作学习或一些其他活动解脱	0	1	2	3
2. 与人交谈,倾诉内心烦恼	0	1	2	3
3. 尽量看到事物好的一面	0	1	2	3
4. 改变自己的想法,重新发现生活中什么重要	0	1	2	3
5. 不把问题看得太严重	0	1	2	3
6. 坚持自己的立场,为自己想得到的斗争	0	1	2	3
7. 找出几种不同的解决问题的方法	0	1	2	3
8. 向亲戚朋友或同学寻求建议	0	1	2	3
9. 改变原来的一些做法或自己的一些问题	0	1	2	3
10. 借鉴他人处理类似困难情景的办法	0	1	2	3
11. 寻求业余爱好,积极参加文体活动	0	1	2	3
12. 尽量克制自己的失望、悔恨、悲伤和愤怒	0	1	2	3
13. 试图休息或休假,暂时把问题(烦恼)抛开	0	1	2	3
14. 通过吸烟、喝酒、服药和吃东西来解除烦恼	0	1	2	3
15. 认为时间会改变现状,唯一要做的便是等待	0	1	2	3
16. 试图忘记整个事情	0	1	2	3
17. 依靠别人解决问题	0	1	2	3
18. 接受现实,因为没有其他办法	0	1	2	3
19. 幻想可能会发生某种奇迹改变现状	0	1	2	3
20. 自己安慰自己	0	1	2	3

附录5:社会支持评定量表
(SSRS)

下面的问题用于反映您在社会中获得的支持,请按各个问题的具体要求,根据您的实际情况作答。

1.您有多少关系密切,可以得到支持和帮助的朋友?(只选一项)

(1)一个也没有。

(2)1—2个。

(3)3—5个。

(4)6个或6个以上。

2.近一年来您:(只选一项)

(1)远离家人,且独居一室。

(2)住处经常变动,多数时间和陌生人住在一起。

(3)和同学、同事或朋友住在一起。

(4)和家人住在一起。

3.您与邻居:(只选一项)

(1)相互之间从不关心,只是点头之交。

(2)遇到困难可能稍微关心。

(3)有些邻居很关心您。

(4)大多数邻居都很关心您。

4.您与同事:(只选一项)

(1)相互之间从不关心,只是点头之交。

(2)遇到困难可能稍微关心。

(3)有些同事很关心您。

(4)大多数同事都很关心您。

5.从家庭成员得到的支持和照顾(在合适的框内画"√")

	无	极少	一般	全力支持
A. 夫妻(恋人)				
B. 父母				
C. 儿女				
D. 兄弟姐妹				
E. 其他成员(如嫂子)				

6.过去,在您遇到困难情况时,曾经得到经济支持和解决实际问题的帮助的来源有:

(1)无任何来源。

(2)下列来源:(可选多项)

A.配偶 B.其他家人 C.亲戚 D.同事 E.工作单位 F.党团工会等官方或半官方组织 G.社会团体等非官方组织 H.其他(请列出)

7.过去,在您遇到困难情况时,曾经得到的安慰和关心的来源有:

(1)无任何来源。

(2)下列来源:(可选多项)

A.配偶 B.其他家人 C.亲戚 D.同事 E.工作单位 F.党团工会等官方或半官方组织 G.社会团体等非官方组织 H.其他(请列出)

8.您遇到烦恼时的倾诉方式:(只选一项)

(1)从不向任何人倾诉。

(2)只向关系极为密切的1—2个人倾诉。

(3)如果朋友主动询问您会说出来。

(4)主动诉说自己的烦恼,以获得支持和理解。

9.您遇到烦恼时的求助方式:(只选一项)

(1)只靠自己,不接受别人帮助。

(2)很少请求别人帮助。

(3)有时请求别人帮助。

(4)有困难时经常向家人、亲友、组织求援。

10.对于团体(如党团组织、工会、学生会等)组织活动,您:(只选一项)

(1)从不参加。

(2)偶尔参加。

(3)经常参加。

(4)主动参加并积极开展活动。